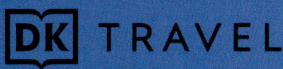

DK TRAVEL

TOP **10**
LISBOA

AF277089

CONTENIDS

4

Descubriendo Lisboa

Bienvenido a Lisboa	6
Historia de Lisboa	8
Top 10 experiencias	12
Itinerarios	14

18

Top 10 Lisboa

Lo esencial de Lisboa	20
Castelo de São Jorge	22
Mosteiro dos Jerónimos	24
Sé de Lisboa	26
Museu Nacional de Arte Antiga	28
Parque das Nações	30
Torre de Belém	32
Museu Nacional do Azulejo	34
Palácio Nacional de Queluz	36
Museu Calouste Gulbenkian	38
Sintra	40

42

Lo mejor de Lisboa

Museos y galerías	44
Iglesias y monasterios	46
Mejores vistas	48
Playas	50
Fuera de las rutas habituales	52
Lisboa en familia	54
Bares y discotecas	56
De compras en Lisboa	58
Lisboa gratis	60
Excursiones	62

64

Recorridos

Alfama, Castelo y el este	66
De Baixa a Restauradores	72
Chiado y Bairro Alto	80
Belém y el oeste	88
Avenida y norte de Lisboa	94
La costa de Lisboa	100

106

Datos útiles

Cómo llegar y moverse	108	Índice	118
Información práctica	110	Frases útiles	124
Dónde alojarse	114	Agradecimientos	126

LISBOA

DESCUBRIENDO

Bienvenido a Lisboa   6

Historia de Lisboa   8

Top 10 experiencias   12

Itinerarios   14

El Arco da Rua Augusta

BIENVENIDO A
LISBOA

En Lisboa las horas pasan sin darse cuenta paseando por barrios históricos, escuchando fados y contemplando la puesta de sol desde lo alto de sus colinas. No te pierdas nada. Disfruta de lo mejor de la ciudad con la ayuda de la guía Top 10 Lisboa.

Con casi 3.000 horas de sol al año, las actividades al aire libre son perfectas para descubrir Lisboa. Los parques invitan a tomar una *bica* (expreso) en un quiosco y a respirar aire puro, mientras que las colinas, salpicadas de *miradouros*, ofrecen vistas de joyas arquitectónicas como la Sé de Lisboa o el Castelo de São Jorge. Es una experiencia extraordinaria pasear por las laberínticas y sinuosas callejuelas, fotografiar las fachadas decoradas con azulejos o viajar en tranvía para disfrutar del ambiente de barrios pintorescos

Un típico tranvía de Lisboa

como Alfama, con su trazado medieval. Y, además, hacer una pausa en una de las múltiples *pastelarias* para degustar un famoso pastel de nata, o dos. Al llegar la noche, los bares de los animados Bairro Alto y Cais do Sodré colocan las mesas en la calle, listas para una noche de diversión.

Aunque el centro de la ciudad tiene mucho que ofrecer, Lisboa cuenta con numerosos lugares de fácil acceso fuera de los circuitos habituales. Al oeste, Belém tiene imponentes monumentos como el Mosteiro dos Jerónimos y, a orillas del río, la Torre de Belém; ambos fueros sufragados con las riquezas obtenidas en las expediciones marítimas portuguesas del siglo XVI. Un trayecto en tren lleva hasta Sintra –gran parte declarada Patrimonio de la Humanidad por la Unesco–, con palacios de cuento de hadas rodeados de bosques. Otra opción es acercarse hasta la costa para pasear por las playas doradas de la ciudad de Cascais, al sudoeste del centro de Lisboa.

Esta guía Top 10 reúne lo mejor que Lisboa puede ofrecer, con sencillas listas con las 10 mejores opciones, consejos de expertos y mapas y planos detallados, que hacen del viaje una experiencia extraordinaria.

HISTORIA DE
LISBOA

Su proximidad al mar hizo de Lisboa un próspero puerto durante siglos. La capital portuguesa sufrió asedios, se enriqueció como centro del comercio y se desmoronó debido a una crisis económica, pero resurgió de nuevo. He aquí su historia.

Nacimiento y auge

Los primeros asentamientos en Lisboa se remontan al Paleolítico, pero no es hasta la Edad de Hierro cuando comienza a desarrollarse la actividad portuaria. El privilegiado emplazamiento entre el río Tajo y el Atlántico atrajo a fenicios y griegos. En 138 a. C. los romanos se asentaron en Lisboa (conocida entonces como Olissipo) y la convirtieron en capital administrativa de Lusitania, la provincia que abarcaba parte de España y Portugal.

Tras establecerse como los nuevos dueños de la ciudad, construyeron un teatro sobre una de las colinas (cuyos restos aún se conservan) y gobernaron durante siete siglos. En 711 los árabes tomaron el poder y rebautizaron la ciudad como al-Uxbuna. Su dominio terminó en 1147, cuando Afonso Henriques, rey del recién creado reino de Portugal, tomó la ciudad y la protegió con sus cruzados, iniciando así el dominio cristiano. Enseguida Lisboa se convirtió en capital de Portugal, con el consiguiente aumento de la población y la expansión del territorio.

Expansión ultramarina

No contentos con el tamaño de su imperio, los reyes portugueses decidieron explorar más allá del Atlántico, con Lisboa como punto de partida. En 1415, los portugueses iniciaron la primera de numerosas

El sitio de Lisboa, óleo pintado por Joaquim Rodrigues Braga

Ilustración del Mosteiro dos Jerónimos en Belém

expediciones marítimas con la invasión de Ceuta. Sucesivos viajes expandieron el Imperio portugués a tierras lejanas como Brasil e India, y establecieron rutas comerciales que enriquecieron el país. La riqueza repentina de la Era de los Descubrimientos llevó a la construcción de monumentos fastuosos, como el Mosteiro dos Jerónimos en Belém. Pero esta expansión ultramarina tuvo un coste, el de los esclavos, muchos de ellos nativos de las tierras tomadas.

Tiempos convulsos

Portugal y su capital parecían imparables hasta el día en que el rey Sebastião desapareció en la batalla de Alcazarquibir, en 1578. Su cuerpo nunca apareció y aparentemente nadie lo vio morir, lo que alimentó la leyenda de que volvería para instaurar un nuevo Imperio. Sin gobernante, el país pasó a manos de la Corona española hasta 1640. Gracias al oro brasileño, Lisboa prosperó rápidamente. Se construyeron palacios y el primer sistema de abastecimiento de agua alimentado por el Aqueduto das Águas Livres. Cuando parecía recuperada, el 1 de noviembre de 1755 un gran terremoto, seguido de un tsunami y un incendio, azotó la ciudad. El centro de Lisboa quedó completamente devastado y muchos edificios importantes se derrumbaron, como la Igreja do Carmo, cuya nave sin techumbre sirve de recordatorio del suceso. El marqués de Pombal, entonces primer ministro de Portugal, fue el responsable de reconstruir la ciudad y trazar la actual Lisboa.

Hitos históricos

1200 a. C.
Los fenicios fundan Allis Ubbo (Puerto Seguro).

711
Invasores musulmanes del norte de África ocupan la ciudad.

1147
Cruzados cristianos toman el control del Castelo de São Jorge de manos musulmanas y reconquistan Lisboa.

1415
Los portugueses inician las primeras expediciones marítimas zarpando de Lisboa a Ceuta.

1755
Un violento terremoto, seguido de un tsunami y un incendio, destruye gran parte del centro de la capital.

1807-1811
Invasión de las tropas napoleónicas;
el rey huye a Brasil.

1910
Portugal instaura la república
y Manuel II, último rey de Portugal,
se exilia en Reino Unido.

1974
Con la Revolución de los Claveles
el Gobierno cae y termina
casi medio siglo de dictadura
en Portugal.

1986
La política portuguesa se
estabiliza y el 1 de enero Portugal
se convierte en miembro de
la Unión Europea.

2024
Cerca de 30 millones de personas
visitan Portugal; la capital
es uno de los destinos favoritos
del país, signo del auge de
la industria turística.

El levantamiento portugués

Fue el marqués de Pombal quien promovió la extinción de las órdenes religiosas del país, expulsando a los jesuitas de Portugal y marcando así el fin de lo que se consideraba el excesivo poder económico y social del clero. Esto inició el movimiento hacia la Ilustración, que sentó las bases para la industrialización de la ciudad. En el siglo XIX Lisboa se había transformado y contaba con un sistema ferroviario y fábricas de textiles, tabacos y conservas. Sin embargo, existía una inestabilidad subyacente, marcada por los conflictos entre absolutistas (que defendían el poder absoluto del rey) y los liberales (con ideas distintas sobre el Gobierno y su constitución).

El asesinato en 1908 del rey portugués Carlos y de su heredero, el príncipe Luís Filipe, a las afueras del Terreiro do Paço, marcó el fin de una era. Dos años después se declaró la Primera República portuguesa. Después de 45 Gobiernos en 16 años Portugal cayó en manos del agitador político António Salazar, que

mantuvo una opresiva dictadura durante casi 50 años.

Mientras a principios del siglo XX el resto de Europa estaba en guerra, Lisboa vivió una época de aparente introspección, erigiendo estatuas de figuras del pasado, encargando tapices de sus monumentos y organizando desfiles en honor de Santo António, el patrón de la ciudad. Pero al mismo tiempo se celebraban reuniones clandestinas de artistas, escritores y ciudadanos de a pie que conspiraban contra el régimen de Salazar y a favor de la libertad de expresión. El 25 de abril de 1974, mientras sonaba en la radio la canción *Grândola, Vila Morena*, el pueblo salió a la calle en un golpe conocido como la Revolución de los Claveles, que marcó el fin de Salazar y su dictadura.

Lisboa en la actualidad

Libre de cadenas, era evidente que Lisboa no había progresado tanto como las demás capitales europeas y que sufría importantes problemas de vivienda. Lisboa luchó por evolucionar, sobre todo después de que gran parte

Exterior del Museu de Arte, Arquitetura e Tecnologia (MAAT)

de su población se viera obligada a emigrar entre los años 1970 y 1980, un fenómeno que aún sigue vigente. La incorporación de Portugal en 1986 a la Unión Europea y el acceso a sus fondos permitió el rejuvenecimiento y mejora de su capital, hasta el punto de que Lisboa acogió su propia Exposición Universal en 1998, dando inicio al auge del turismo.

La crisis financiera de 2008 y la posterior pandemia de COVID-19 desestabilizaron la economía del país; gracias sobre todo al turismo y a la creciente inversión en el ámbito de la tecnología y las *startups*, la ciudad se ha convertido en un lugar interesante para los que tienen posibilidades de teletrabajar y viajeros en busca de sol, y hoy es uno de los destinos más populares de Europa.

Fotografía de la Revolución de los Claveles, 25 de abril de 1974

TOP 10
EXPERIENCIAS

Esta guía ayuda a organizar el viaje perfecto tanto para los que visitan Lisboa por primera vez como para los que repiten. Para aprovechar el tiempo al máximo y disfrutar de lo mejor que esta encantadora ciudad de ambiente relajado puede ofrecer, no hay que olvidar añadir estas experiencias a la visita.

1 Miradouros mágicos
Desplegada sobre un mar de colinas, Lisboa ofrece incontables *miradouros* (miradores), unos populares lugares de encuentro desde los que disfrutar de los mágicos atardeceres. Destacan el Miradouro da Senhora do Monte *(p. 49)*, el Miradouro de Santa Catarina *(p. 48)* y el Miradouro de Santa Luzia *(p. 48)*.

2 Deliciosos pastéis de nata
Con una base de hojaldre crujiente y rellenos de crema, son un emblema de Lisboa y se venden en todas las *pastelarias* (pastelerías) de la ciudad. Para probar el original, y según algunos el mejor, hay que ir directamente a la Antiga Confeitaria de Belém *(pasteisdebelem.pt)*.

3 Magníficos azulejos
Muchas fachadas de iglesias y estaciones de metro de Lisboa están decoradas con coloridos azulejos, transformando la ciudad en un museo al aire libre. El Museu Nacional do Azulejo *(p. 34)* permite aprender más sobre esta artesanía y sobre la Lisboa anterior al terremoto.

4 Paseo en tranvía
Los tranvías amarillos serpenteando por las callejuelas de la ciudad son la quintaesencia de Lisboa. El famoso tranvía 28 recorre los populares barrios de Chiado *(p. 80)* y Alfama *(p. 66)*, aunque hay otras rutas interesantes que se salen de los recorridos habituales.

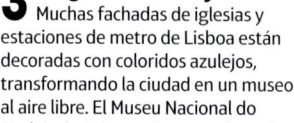

5 Día de partido

Lisboa es la sede de dos de los principales equipos de fútbol del país, el Benfica y el Sporting de Lisboa (donde Cristiano Ronaldo comenzó). Los portugueses adoran el fútbol y no hay nada como acudir a un partido para sentir su entusiasmo *(p. 96)*.

6 De copas por Bairro Alto

Cada fin de semana, los lisboetas salen por la noche por el Bairro Alto. Tras reunirse en uno de los numerosos bares de este animado barrio *(p. 86)*, la fiesta continúa en el vecino Cais do Sodré y las discotecas de la Rua Nova do Carvalho *(Calle Rosa; p. 57)*.

7 Pausa en un quiosco

Toda la ciudad está salpicada de quioscos, junto al río y en plazas o jardines. A los lisboetas les gusta reunirse en torno a estos puestos modernistas para tomarse una *bica* (expreso) mañanera o una *imperial* (caña) después del trabajo.

8 Noches de fado

El fado es un género musical popular portugués originario de Alfama *(p. 66)*. Las letras a menudo hablan de la *saudade* o nostalgia. Asistir a una actuación en directo en una casa de fado *(p. 57)* es una experiencia inolvidable.

9 Recorridos a pie por el casco histórico

Uno de los encantos de Lisboa es pasear por sus calles o apuntarse a un recorrido temático a pie como el African Lisbon Tour *(p. 73)* o los Lisbon Street Art Tours *(lisbonstreetarttours.com)*, con visitas en varios idiomas incluido el español.

10 Descanso en la playa

Un tren costero lleva hasta Cascais *(p. 101)*, donde es posible darse un refrescante baño en las frías aguas del océano Atlántico. Otra opción es tomar un ferri y cruzar el río hacia las playas surferas de Costa da Caparica.

ITINERARIOS

Fachadas cubiertas de azulejos, calles por las que circulan tranvías, la imponente Sé y una amplia oferta para comer, beber o simplemente disfrutar de las vistas es lo que ofrecen estos itinerarios de 2 y 4 días que ayudan a aprovechar al máximo la visita a Lisboa.

2 DÍAS

Día 1

Mañana

Comienza el día en el barrio de Chiado. Tras una *bica* (expreso) en **A Brasileira** *(p. 85)*, un café modernista frecuentado por el poeta portugués Fernando Pessoa, un paseo hacia el este por la **Calçada do Sacramento** lleva a la **Igreja do Carmo** *(p. 83)*, cuyo patio sin techo es un recordatorio del terremoto de 1755. A la vuelta de la esquina está el impresionante **Elevador de Santa Justa** *(p. 75)*, un ascensor neogótico construido en 1902 que conecta las calles bajas con **Largo do Carmo.** Unas escaleras cercanas descienden hasta la **Rua Augusta,** donde puedes hacer una pausa para comer en **Terraço Editorial** *(p. 79)*.

 COMER
La visita a Belém no está completa sin probar los *pastéis de nata* originales. Pastéis de Belém *(p. 92)* lleva horneando estos deliciosos pastelillos típicos de Lisboa desde 1837.

Tarde

Siguiendo al este hasta Alfama, el barrio más antiguo de la ciudad, llegas a la **Sé de Lisboa** *(p. 26)*. Después de visitar la nave románica y contemplar el rosetón, un paseo hasta lo alto de la colina conduce hasta el **Castelo de São Jorge** *(p. 22)*. Tras disfrutar de su legado y arquitectura morisca, recorre el laberinto de callejuelas, repleto de cafés tradicionales y restaurantes en los que se escucha fado. Para cenar, a la vuelta de la esquina, **Arco do Castelo** *(p. 71)* sirve sabrosas especialidades de Goa (India).

Día 2

Mañana

Dedica la mañana al barrio de Belém y sus monumentos, comenzando por el **Mosterio dos Jerónimos** *(p. 24)*, un espectacular monasterio del siglo XVI financiado con un impuesto sobre las especias traídas desde India. El edificio es un magnífico ejemplo de arquitectura manuelina, que se caracteriza por la utilización de elementos náuticos vinculados a las exploraciones marítimas portuguesas.

Interior del famoso café A Brasileira

A orillas del río, la **Torre de Belém** *(p. 32)* se construyó en la misma época para proteger el monasterio y el puerto de Lisboa contra los piratas. Para descansar las piernas, toma un tranvía hasta **Canalha** *(Rua da Junqueira 207)*, una moderna marisquería dirigida por el famoso chef João Rodrigues.

Tarde
Frente a Canalha, el **Museu de Arte, Arquitetura e Tecnologia (MAAT)** *(p. 44)*, además de vanguardistas exposiciones temporales, tiene una ondulante azotea con vistas panorámicas del río. Desde aquí, un tranvía lleva hasta el **Museu Nacional de Arte Antiga** *(p. 28)*, donde puedes admirar la colección nacional de arte. **LX Factory** *(lxfactory.com)*, a un paseo hacia el este, es una antigua fábrica textil convertida en centro creativo. Finaliza la velada curioseando por librerías como **Ler Devagar** *(lerdevagar.com)*, antes de disfrutar de una cena en uno de los restaurantes de la zona.

Selección de libros en una de las tiendas de LX Factory

VISTAS
Desde Largo da Sé, en Alfama, se puede ver pasar el icónico tranvía 28 amarillo deslizándose ante la hermosa fachada de la catedral. Es un lugar ideal para tomar una foto.

Centro de Lisboa

Castelo de São Jorge

MOURARIA

Terraço Editorial

Arco do Castelo

Igreja do Carmo

Largo do Carmo

Elevador de Santa Justa

Calçada do Sacramento

BAIXA

ALFAMA

CHIADO

Prado

A Brasileira ①

Rua Garrett

Rua Augusta

Sé de Lisboa

Arco da Rua Augusta

0 metros   200

Praça do Comércio

Oeste de Lisboa

Ver plano superior

Museu Nacional de Arte Antiga

Mosteiro dos Jerónimos

②

TRANVÍA

LX Factory   TRANVÍA

BELÉM

Canalha

TRANVÍA

Museu de Arte, Arquitetura e Tecnologia (MAAT)

Torre de Belém

0 km   1

Día 4 (a Sintra)

Museu Calouste
Gülbenkian

Laurentina

Sintra   Día 4 (de la estación de Rossi

0 metros   800

Casa do
Fauno

Casa
Pinquita

Estación
de Sintra

SINTRA

Parque
Eduardo VII

Beca Beca

Quinta da
Regaleira

Castelo
dos Mouros

SANTA
EUFÉMIA

AUTOBÚS   TREN

0 metros   500

Palácio da Pena

GRAÇA

Mercado
de Campo
de Ourique

EmbaiXada

RATO

Miradouro de
São Pedro
de Alcântara

Fora
Artisan
Pastry

Igreja de
São Vicente
de Fora

Panteão
Nacional

Jardim da
Estrela

SÃO
BENTO

Bairro Alto

Estación
de Rossio

Castelo de
São Jorge

Cemitério dos
Prazeres

ESTRELA

TRANVÍA 28

① ④

Igreja de
São Roque

BAIXA

A Parreirinha
do Paraíso

Museu Nacional
de Arte Antiga

Rua do Poço
dos Negros

CHIADO

Miradouro do
Recolhimento

② Break Sé

③

4 DÍAS

Día 1

Empieza el día en la **Igreja de São Roque** (p. 81), que alberga una de las capillas más ricamente decoradas de Europa, construida en el siglo XVI con los materiales más valiosos de la época. Toma la calle arriba hasta el **Miradouro de São Pedro de Alcântara,** con vistas de postal del castillo de Lisboa. A un corto paseo, la **EmbaiXada** (p. 84) es un palacio neomorisco repleto de tiendas de creadores portugueses perfecto para que pases el resto de la mañana. Una buena

El animado Bairro Alto, famoso por los bares y restaurantes de tapas

opción para comer es ir a la elegante **Rua do Poço dos Negros** tomando el tranvía 28 desde el **Jardim da Estrela** (p. 61). Por la noche, el Bairro Alto es ideal para salir de bares y tapas.

TRANSPORTE

Al comprar billetes de transporte público es mejor elegir la opción Zapping (p. 108), un billete recargable que permite viajar con descuento en autobuses, tranvías y trenes, incluido el viaje en tren a Sintra.

Día 2

Tras un desayuno tranquilo en **Break Sé** (Rua da Saudade 2A), dirígete al

Castelo de São Jorge (p. 22). Su ubicación en lo alto de una colina es fantástica para orientarse y justo a la vuelta de la esquina está el **Miradouro do Recolhimento,** que ofrece más vistas extraordinarias desde su asiento hexagonal. Un paseo relativamente corto desde el mirador te lleva a la **Igreja de São Vicente de Fora** (p. 46), una iglesia del siglo XVI que guarda los sarcófagos de piedra de casi todos los reyes y reinas de Portugal, además de una espectacular colección de azulejos. Tras una breve bica en **Fora Artisan Pastry** (Calçada de São Vicente 95), da un paseo hasta el **Panteão Nacional** (p. 68), el emblemático lugar de descanso de la fallecida fadista Amália Rodrigues. Termina el día cenando en **A Parreirinha do Paraíso** (Rua do Paraíso 40C).

Día 3

Después de ver la colección de arte europeo del **Museu Nacional de Arte Antiga** (p. 28), que reúne la friolera de 40.000 obras de arte, dirígete hacia el norte, al **Cemitério dos Prazeres,** un cementerio local con unas vistas increíbles del Ponte 25 de Abril. Puedes comer en el cercano **Mercado de Campo de Ourique,** que sirve todo tipo de especialidades, desde ramen hasta pollo a la barbacoa. A continuación, toma el autobús en dirección norte hasta el **Parque Eduardo VII** (p. 95), cuyo quiosco Beca Beca es perfecto para una pausa. El resto de la tarde dedícalo a explorar las asombrosas piezas del **Museu Calouste Gulbenkian** (p. 38), que cuenta con la colección privada del magnate armenio del petróleo Calouste Gulbenkian, y finaliza el día cenando un rico bacalhau en **Laurentina** (p. 99), justo enfrente.

Día 4

Desde la **estación de Rossio** salen trenes hasta el pueblo de **Sintra** (p. 40). Una vez allí, puedes tomar un autobús (o aventurarte a caminar; recuerda llevar calzado resistente) hasta el **Palácio da Pena.** Con muros de alegres colores surgiendo entre las colinas, este antiguo Palacio Real parece sacado de un cuento. Desde aquí desciende hasta el **Castelo dos Mouros,** cuyas almenas ofrecen magníficas vistas de las montañas. Come en uno de los restaurantes del centro, asegurándote de dejar sitio para tomar el postre en **Casa Piriquita** (p. 41), especializada en repostería tradicional como los travesseiros (milhojas relleno de almendra dulce y yema de huevo). Tras una visita a la **Quinta da Regaleira,** un majestuoso parque lleno de grutas y fuentes, acude a la **Casa do Fauno** (Caminho dos Frades 1), una taberna de estilo medieval donde revivir tiempos pasados saboreando una copa de hidromiel o sidra fresca.

El Castelo dos Mouros del siglo VIII en Sintra

TOP 10 LISBOA

Lo esencial de Lisboa 20

Castelo de São Jorge 22

Mosteiro dos Jerónimos 24

Sé de Lisboa 26

Museu Nacional
de Arte Antiga 28

Parque das Nações 30

Torre de Belém 32

Museu Nacional do Azulejo 34

Palácio Nacional de Queluz 36

Museu Calouste Gulbenkian 38

Sintra 40

Azenhas do Mar, Sintra

LO ESENCIAL DE
LISBOA

Lisboa cuenta con algunos lugares que no debes perderte. Descubre en las páginas siguientes por qué cada uno de ellos es una visita obligada.

Parque Florestal de Monsanto

AUTOSTRADA DA COSTA DO ESTRIL

BAIRRO DA AJUDA

AVENIDA DE CEUTA

RUA DO CRUZEIRO

RESTELO

AVENIDA DO RESTELO

SANTO AMARO

AVENIDA DA PONTE

R DE CASCAIS

Jardim Botânico Tropical

②

BELÉM

RUA DA JUNQUEIRA

AVENIDA DA ÍNDIA

AVENIDA DA ÍNDIA

⑥

PONTE 25 DE ABRIL

0 metros — 800

Las afueras

Agualva-
Cacém
Belas
Amádora
Alcabideche
Área del
plano principal

0 km   5

SALDANHA

AVENIDA DA PONTE

CAMPOLIDE

AV. ENGENHEIRO
D. PACHECO

Parque
Eduardo VII

ESTEFÂNIA

PRAÇA
MARQUÊS
DE POMBAL

AVENIDA DA LIBERDADE

Jardim
Botânico

PRAÇA DO
PRÍNCIPE REAL

BAIXA

CALÇADA DA ESTRELA

AVENIDA INFANTE SANTO

ESTRELA

BAIRRO
ALTO

CHIADO

RUA DA PRATA

RUA AUREA

PRAÇA DO
COMÉRCIO

T a j o

ALMADA

PRAGAL

❶ Castelo de São Jorge

❷ Mosteiro dos Jerónimos

❸ Sé de Lisboa

❹ Museu Nacional
de Arte Antiga

❺ Parque das Nações

❻ Torre de Belém

❼ Museu Nacional
do Azulejo

❽ Palácio Nacional
de Queluz

❾ Museu Calouste
Gulbenkian

❿ Sintra

CASTELO DE SÃO JORGE

📍 G4 🏛 Porta de São Jorge, Rua de Santa Cruz do Castelo
🕐 9.00–21.00 diario (nov-feb: hasta 18.00) 🌐 castelodesaojorge.pt ↗

Este castillo se considera el lugar fundacional de Lisboa, aunque gran parte de la construcción actual data de la restauración de la década de 1930. Dominando el centro de Lisboa desde lo alto de una colina, es uno de los monumentos más emblemáticos.

1 Porta de São Jorge
🕐 9.00–21.00 diario (nov-feb: hasta 18.00) ↗

Esta puerta conduce al último y empinado tramo ascendente que lleva al recinto del castillo. A la izquierda, en un nicho, se puede ver una imagen de san Jorge.

2 Torre da Igreja
🕐 9.00–19.00 diario (nov-mar: hasta 18.00)
🌐 igrejadocastelo.pt ↗

El campanario del siglo XVIII en Largo de Santa Cruz do Castelo estuvo cerrado hasta 2018. Pagando una entrada se puede subir a lo alto y disfrutar de las vistas.

3 Torre de Ulisses
🕐 11.00–13.00 diario

Esta torre almenada alberga una cámara oscura con un periscopio que proyecta imágenes de la ciudad. La observación a distancia no es algo nuevo en el castillo, ya que hacia 1778 se instaló aquí el primer observatorio de Lisboa.

4 Museo del Castillo
🕐 9.00–21.00 diario (nov-feb: hasta 18.00) ↗

En el emplazamiento del palacio de Alcáçovas, este museo alberga una colección de piezas encontradas en las excavaciones de la colina, como azulejos del siglo XV.

☕ **BEBER**
El bar exterior del Chapitô (p. 70) es perfecto para disfrutar de una bebida y unas fantásticas vistas de la ciudad.

Objetos expuestos en el Museo del Castillo

Plano del Castelo de São Jorge

El Castelo de São Jorge en lo alto de la ciudad

5 Torre de São Lourenço

La torre de San Lorenzo, unida al castillo por largos tramos de escalera, formaba parte de las fortificaciones exteriores. Actualmente ofrece una magnífica panorámica del castillo.

6 Barrio de Santa Cruz

El pequeño barrio de Santa Cruz do Castelo, dentro de la antigua ciudadela, es una de las zonas más pintorescas de Lisboa. Alberga cafés, hostales y un mirador sobre Alfama.

7 Almenas interiores

La reconstrucción del castillo interior es uno de los mayores logros de la restauración llevada a cabo en el año 1938. El castillo, con 10 torres cuadrangulares y una muralla interior, recrea con bastante fidelidad la distribución y el tamaño del original.

8 Yacimiento arqueológico

Exhibe rastros de los periodos más significativos de la historia de Lisboa, incluidos asentamientos de la Edad de Hierro.

9 Estatua de Afonso Henriques

Esta estatua en bronce del primer rey de Portugal se colocó en la explanada en el año 1947.

Es una réplica de una obra de 1887 de Soares dos Reis; el original se guarda en Guimarães.

10 Explanada

El paseo que recorre la muralla exterior es una de las principales recompensas de la subida al castillo. Salpicado de restos arqueológicos y a la sombra de los pinos, rodea el flanco oeste del castillo y ofrece vistas del río y de la ciudad.

Estatua de bronce de Afonso Henriques

MOSTEIRO DOS JERÓNIMOS

📍 B6 🏛 Praça do Império, Belém 🕐 9.30-17.30 ma-do; iglesia: 10.30-17.00 ma-sá; 14.00-17.00 do 🚫 1 ene, Domingo de Pascua, 1 may, 13 jun, 25 dic 🌐 museusemonumentos.pt

Grandioso por sus imponentes proporciones, el monasterio de los Jerónimos es uno de los lugares más visitados de Lisboa. Las columnas intrincadamente talladas y los motivos marítimos son la expresión de un estilo nacional único, símbolo de la expansión territorial y las ambiciones imperiales de Portugal.

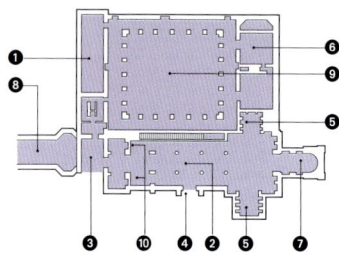

Plano del Mosteiro dos Jerónimos

describir este pórtico de exuberante decoración, aunque de cerca ninguno de los elementos resulta demasiado grande. Entre las figuras aparece Enrique el Navegante.

1 Refectorio
El largo y estrecho refectorio luce una magnífica bóveda y las típicas molduras manuelinas con forma de soga. El panel de la pared norte representa la parábola bíblica de la alimentación de los 5.000.

2 Nave
El elemento más impresionante de los Jerónimos es la nave, bien iluminada y con unos pilares que soportan la cubierta con bóveda de abanico.

3 Pórtico oeste
El entorno de este pórtico fue obra del escultor francés Nicolau Chanterène y muestra la preferencia del estilo manuelino por la decoración renacentista y fantástica.

4 Pórtico sur
Contención no es la palabra adecuada para

Bóveda de crucería y azulejos en las paredes del refectorio

5 Tumbas de Dom Sebastião y el cardenal D. Henrique
Al pasar bajo la bóveda estrellada del crucero, se pueden contemplar, uno frente al otro, los sepulcros del cardenal D. Henrique y el joven rey Dom Sebastião.

6 Sala capitular
La hermosa sala capitular no se finalizó hasta el siglo XIX y jamás fue utilizada como tal. La tumba de Alejandro Herculano, famoso historiador del siglo XIX y primer alcalde de Belém, se encuentra en esta sala.

7 Capilla principal
La capilla mayor, de 1572, tiene una distribución manierista. Aquí se encuentran las tumbas de Dom Manuel I y su

Pórtico manuelino con arcos ricamente tallados

COMER
Se puede tomar algo en el cercano Pão Pão Queijo Queijo (p. 93), y cenar en la magnífica terraza con vistas al monasterio.

esposa Dona Maria (a la izquierda) y Dom João III y su mujer Dona Catarina (a la derecha).

8 Anexo

Durante la importante restauración del siglo XIX se añadió la amplia ala oeste de estilo neomanuelino que hoy alberga el Museu de Arqueologia, cerrado por reformas entre 2022 y 2026, y parte del Museu Nacional de Marinha. También se construyó el característico campanario con cúpula para sustituir al anterior, apuntado.

9 Claustro

La lujosa ornamentación y las tracerías de este claustro son un ejemplo magnífico del estilo manuelino. Fernando Pessoa (p. 89), el célebre poeta, está enterrado en el claustro.

10 Tumbas de Vasco da Gama y Luís de Camões

En el coro inferior (frente a las naves laterales y bajo la galería) están las tumbas de Vasco da Gama y Luís de Camões, trasladado al Mosteiro dos Jerónimos en 1898.

ARQUITECTURA MANUELINA

Introducida durante el reinado de Manuel I (1495-1521), la arquitectura manuelina floreció durante los siglos XV y XVI. Marcada por la navegación y motivos náuticos como las cuerdas y cabos entrelazados, reflejaba la Era de los Descubrimientos de Portugal (p. 9). En el Mosteiro dos Jerónimos se pueden ver algunos de los mejores ejemplos de esta arquitectura.

Tumba del siglo XIX del navegador Vasco da Gama

SÉ DE LISBOA

📍 G4 🏛 Largo da Sé 🕐 Iglesia: abr-sep: 9.30-19.00 lu-sá; oct-mar: 10.00-18.00 lu-sá 🌐 sedelisboa.pt 🔗

La catedral de Lisboa se construyó poco después de que Dom Afonso Henriques arrebatara la ciudad a los musulmanes en 1147. Aunque la fachada es románica, debido a varios terremotos se han realizado restauraciones en el interior en diferentes estilos arquitectónicos.

La esbelta nave central de la catedral

1 Nave románica

Se conserva muy poco de la catedral original, aparte de esta nave remodelada que conduce hacia el presbiterio, rodeado por un deambulatorio añadido en el siglo XIV.

2 Tesoro

Este museo de arte sacro se encuentra en la primera planta y cuenta

> ☕ **BEBER**
> Para tomarse una copa tranquilamente en el barrio, Crafty Corner (p. 70) es un bar de estilo medieval con una gran selección de cervezas artesanas.

con varias muestras destacadas. Las reliquias de san Vicente (p. 46) se perdieron en el terremoto de 1755.

3 Pila de San Antonio

Se cree que Fernando Martins Bulhões (luego san Antonio) fue bautizado en esta pila, decorada con un mosaico del santo predicando a los peces. También se afirma que asistió a la escuela de la catedral.

4 Claustro

🚫 Por reformas

El claustro gótico, al que se accede por una de las capillas del deambulatorio, fue añadido a la

catedral bastante temprano. Algunos elementos decorativos anticipan el estilo manuelino. Por las tardes se puede ver la luz filtrándose por el rosetón. Excavaciones efectuadas en el claustro han desenterrado restos romanos.

5 Capela de Bartolomeu Joanes

Esta capilla gótica financiada por un mercader lisboeta en 1324 alberga el sepulcro del fundador y un retablo renacentista del siglo XV, pintado por Cristóvão de Figueiredo, Garcia Fernandes y Diogo de Contreiras.

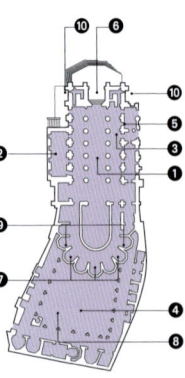

Plano de la Sé de Lisboa

Rosetón con la figura de Cristo en el centro

original del siglo XIII, la única de su estilo en Portugal.

10 Campanarios

Las espléndidas torres almenadas, elementos distintivos de la arquitectura de la Sé de Lisboa, recuerdan las de la catedral de Coimbra, levantadas por el mismo maestro constructor, Frei Roberto. Una tercera torre más alta se derrumbó durante el terremoto de 1755 *(p. 9)*.

6 Rosetón
El rosetón, reconstruido con fragmentos del original, suaviza el aspecto algo severo de la fachada. Representa a Jesús rodeado de los 12 apóstoles.

7 Capillas góticas del deambulatorio
La capilla de São Cosme y São Damião es una de las nueve del deambulatorio. En ella se encuentran los sepulcros del noble Lopo Fernandes Pacheco y su esposa Maria Villalobos.

8 Restos arqueológicos
En la excavación del claustro se han hallado restos musulmanes, visigodos, romanos y fenicios.

9 Reja de hierro del siglo XIII
Una de las capillas de la girola está cerrada por una reja de hierro

HALLAZGOS DEL PASADO LISBOETA

La Sé de Lisboa, el castillo *(p. 22)* y muchos otros puntos del centro de Lisboa son yacimientos arqueológicos en los que se sigue trabajando. Esto significa que las excavaciones siguen arrojando restos. Tal vez el viajero consiga algún dato si pregunta sobre los últimos descubrimientos.

Tranvía amarillo pasando por delante de los campanarios

MUSEU NACIONAL DE ARTE ANTIGA

📍 E5 🏠 Rua das Janelas Verdes 🕐 10.00-18.00 ma-do 🗓 1 ene, Domingo de Pascua, 1 may, 13 jun, 25 dic 🌐 museudearteantiga.pt ↗

Ubicado en un palacio del siglo XVII con vistas al río y al puerto, el Museo Nacional de Arte Antiguo (MNAA) de Lisboa es la mayor pinacoteca de Portugal. En el interior guarda un tesoro artístico de gran valor histórico, que incluye una selección de arte europeo del siglo XII al XIX.

1 Muebles indo-portugueses

Los muebles más interesantes del museo son las piezas indo-portuguesas. Los *contadores*, que son arcones con múltiples cajones, destacan por una rica ornamentación y elaborados detalles.

2 El martirio de san Sebastián

Obra de Gregório Lopes en torno al año 1536, formó parte de un grupo de pinturas destinadas a ubicarse en los altares de la rotonda del Convento de Cristo.

3 Capilla de San Alberto

🕐 Consultar horarios en la página web

Decorada con deslumbrantes azulejos y tallas

Un ornamentado *contador* indo-portugués

> ✂ **COMER**
> Una alternativa al restaurante del museo es la azotea del bar Catch Me (*Jardim 9 de Abril*), con vistas espectaculares y música en directo.

doradas, esta capilla es un magnífico ejemplo del barroco portugués.

4 Paneles de san Vicente

Este políptico, pintado en torno a 1470 y atribuido a Nuno Gonçalves, es una obra portuguesa fundamental. En él se retrata a ricos y pobres con una fascinante

Admirando los *Paneles de san Vicente*

precisión con los detalles. A través de una ventana de la tercera planta del museo se puede ver en directo la restauración de los paneles.

5 Cerámica portuguesa y china

Las 7.500 piezas de cerámica del museo muestran el intercambio de influencias comerciales internacionales. A partir del siglo XVI, la cerámica portuguesa presenta detalles ming y la porcelana china aparece decorada con escudos de armas y motivos portugueses similares.

6 *Las tentaciones de san Antonio*

Este cuadro pintado por el Bosco, un derroche de horror y fantasía, representa el tormento espiritual. Es uno de los tesoros del museo y una de las grandes obras del arte internacional. Se pintó en torno a 1500.

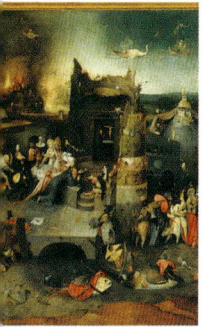

Las tentaciones de san Antonio del Bosco

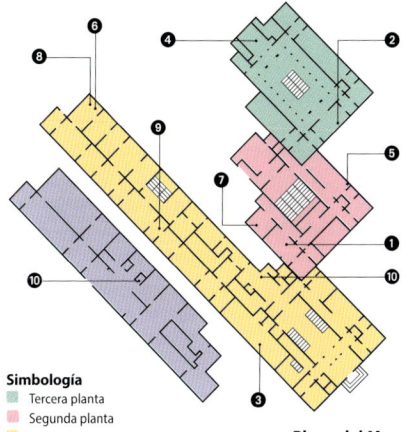

Simbología
🟩 Tercera planta
🟥 Segunda planta
🟨 Primera planta
🟦 Planta baja

Plano del Museu Nacional de Arte Antiga

7 Biombos de Namba

Tras comerciar con portugueses en el siglo XVI, los artistas japoneses los retrataron como *namban-jin*, o bárbaros del sur. Estos paneles representan la llegada de los barcos portugueses a Nagasaki.

8 *San Jerónimo*

Este peculiar retrato de san Jerónimo trasciende las convenciones del arte religioso. Fue pintado por Alberto Durero en 1521, utilizando como modelo a un anciano de Amberes de 93 años, y es ante todo un retrato de la sabiduría y la vejez.

9 *Conversación*

Pieter de Hooch, contemporáneo de Vermeer, fue un pintor de género cuyo tratamiento de la luz era tal vez más complejo que el de su contemporáneo Vermeer. Esta obra muestra las principales características de este artista.

10 Jardín, restaurante y tienda

El museo tiene un restaurante donde los visitantes pueden descansar y disfrutar de agradables vistas del jardín y el río. Hay una tienda de regalos bien surtida en la primera planta.

ENCUENTRO DE DOS CULTURAS

Las relaciones entre Portugal y Japón comenzaron cuando tres viajeros portugueses se desviaron de la ruta y arribaron a una de las islas del sur de Japón en el año 1543. Fascinados por las pintorescas ropas y mercancías de los portugueses, los japoneses los apodaron *namban-jin* (bárbaros del sur).

PARQUE DAS NAÇÕES

D1 **Avenida Dom João II**

Sobre la antigua ubicación de la Exposición Universal de 1998, el Parque de las Naciones es un moderno barrio ribereño al este del centro. Además de ser la sede de destacados lugares de interés, como el Oceanário de Lisboa y el Pavilhão do Conhecimiento, es un animado recinto de conciertos y eventos.

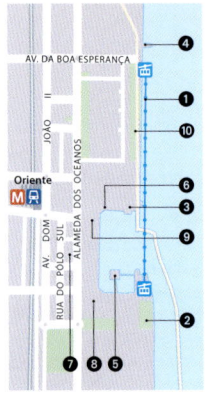

2 Restaurantes

Hay más de 40 restaurantes a orillas del río, muchos con terraza. Son lugares concurridos los fines de semana para almorzar y para disfrutar de la vida nocturna del parque.

3 Centro náutico

marinaparquedasnacoes.pt

En el centro náutico Marina Parque das Nações se alquilan equipos para deportes acuáticos y otras actividades.

VISTAS

El corto viaje en teleférico desde la Torre Vasco da Gama hasta el puerto deportivo ofrece hermosas vistas del paseo marítimo, sobre todo al atardecer.

Ahora forma parte de un popular hotel con un bar, un mirador y un restaurante con una estrella Michelin en el último piso.

1 Teleférico

El recorrido del teleférico cubre casi todo el parque y ofrece una panorámica general de la zona, del río y del puente Vasco da Gama. Cuando hay brisa en el estuario, las cabinas pueden balancearse.

4 Torre Vasco da Gama

Mirador: 10.00-18.00 diario; bar: 18.00-24.00 do-mi, 18.00-2.00 ju-sá **vascodagamatower.com**

Esta torre de 145 m es el edificio más alto de Lisboa.

5 Oceanário de Lisboa

10.00-20.00 diario **oceanario.pt**

Este acuario, uno de los mayores de Europa, alberga cientos de especies acuáticas en dos plantas. El gran tanque central contiene especies grandes

En el sentido de las agujas del reloj, desde arriba **Teleférico entre Torre Vasco da Gama y el puerto; centro comercial Vasco da Gama; Oceanário de Lisboa**

y pequeñas, pero son las nutrias marinas de un tanque adyacente las que generan más expectación.

6 El *Lince Ibérico* de Bordalo II

Esta escultura gigante es obra de Bordalo II, uno de los artistas callejeros más famosos de Portugal, célebre por emplear material reciclado y otros residuos.

7 Tiendas

Gran parte de las tiendas se concentran en el centro comercial Vasco da Gama, pero también hay tiendas de electrónica e interiorismo en otras zonas del parque.

8 Pavilhão do Conhecimento

🕐 10.00-18.00 ma-vi, 10.00-19.00 sá y do
🌐 pavconhecimento.pt ☑

Este museo de ciencia tiene muestras multimedia interactivas y actividades para diversas edades.

9 Pabellón de Portugal

Este pabellón, cuya cubierta de cemento parece suspendida como una lona sobre el patio, fue asignado en 2015 a la Universidad de Lisboa.

10 Jardines

Muchos de los jardines plantados para la Exposición Universal de 1998 se han convertido en espléndidas zonas verdes.

UNA TARJETA LLENA DE VENTAJAS

Los precios de la Lisboa Card van desde 27 € (válida 24 horas) hasta 54 € (válida 72 horas). Incluye el acceso a toda la red de transporte público y la entrada a 51 lugares de interés. La tarjeta se puede comprar a través de *www.visitlisboa.com*. También hay una tarjeta para niños.

Vista del Parque das Nações junto al Tajo

TORRE DE BELÉM

📍 A6 🏛 Avenida Brasília 🕐 9.30-17.30 ma-do (último acceso: 17.00)
🚫 1 ene, Domingo de Pascua, 1 may, 13 jun, 24 y 25 dic 🌐 torrebelem.com ⬀

Situada a orillas del río Tajo, la Torre de Belém es una joya del estilo manuelino, que combina elementos árabes, renacentistas y góticos. Tras admirar el elaborado exterior, el ascenso por una estrecha escalera de caracol permite disfrutar de unas magníficas vistas.

1 Almenas
Los merlones de las almenas están decorados en su mayoría con la cruz de la Orden de Cristo. Los merlones pequeños de la parte trasera y alta de la torre aparecen rematados con formas piramidales.

2 Atalayas
Las atalayas con influencias árabes son un elemento destacado. Las cúpulas descansan sobre un motivo de cuerda manuelino y están rematadas con pequeñas esferas que

> **CONSEJO TOP 10**
>
> La torre luce espléndida a primera hora de la mañana y a última de la tarde.

recuerdan a las piezas del ajedrez.

3 Exposiciones
Las antiguas mazmorras, ahora bastante luminosas, suelen albergar exposiciones temporales, además de una muestra

informativa permanente y una tienda de regalos.

4 Imagen de la Virgen y el Niño
Junto al patio de luces usado para descender los cañones a las mazmorras hay una imagen de Nuestra Señora del Feliz Retorno. Esta virgen evoca el recuerdo de los exploradores portugueses y de todos los marineros que fallecieron en el mar, así como la añoranza de esos maridos e hijos que en portugués expresa la palabra *saudade*.

En el sentido de las agujas del reloj, desde abajo a la derecha **Escultura de la Virgen y el Niño en la fachada sur de la Torre de Belém; troneras para los cañones; admirando los merlones de la torre**

La Torre de Belém, un elegante ejemplo de estilo manuelino

5 Sala del gobernador

Esta sala ahora vacía era donde cumplía sus obligaciones el primer gobernador de la torre, Gaspar de Paiva. Cuando desapareció esta figura, la sala fue utilizada por los fareros y oficiales de aduanas. La acústica de la estancia amplifica el mínimo susurro.

6 Rinoceronte

Cada garita se apoya sobre una talla en piedra. El rinoceronte de la garita noroeste es el más famoso, ya que está considerado la primera representación europea en piedra de este animal.

7 Logia renacentista

Es inevitable comparar esta arquería abierta hacia el patio principal con la cubierta de un barco. Este elemento rompe la estética militar que predomina en todo el edificio y añade un toque teatral; las verjas y tracerías de la balaustrada son de estilo manuelino. Los balcones a ambos lados de la torre recrean el estilo de la logia.

8 Esferas armilares

Labradas sobre la logia se pueden admirar varias esferas armilares, instrumentos que representaban el movimiento de las estrellas alrededor de la Tierra. Se convirtieron en símbolo de Portugal y aún aparecen en la bandera nacional.

9 Mazmorras

La sala abovedada de la planta inferior alberga los 17 cañones que protegían el acceso a Lisboa; también se usó como mazmorra.

10 Toques manuelinos

Las cuerdas y cabos entrelazados y los nudos fueron los principales elementos decorativos del arte manuelino. La tracería de algunas balaustradas luce formas casi orgánicas que se desarrollarían en construcciones posteriores del mismo estilo.

> **TRANSPORTE**
> Un autobús turístico con paradas pasa por muchos de los principales lugares de interés de la ciudad, entre ellos la Torre de Belém.

> ### HOMÓNIMO SAGRADO
>
> El nombre de Belém, que se refiere a la ciudad sagrada donde se cree que nació Jesús, procede de la capilla dedicada a santa María de Belén que se construyó a mediados del siglo XV cerca de la orilla del río en lo que entonces era Restelo. Esta capilla dio lugar al grandioso Mosteiro dos Jerónimos, cuya iglesia sigue conociéndose como Santa Maria de Belém. El nombre de Restelo se aplica ahora a un arbolado distrito con elegantes residencias y embajadas situado por encima y detrás de la zona de Belém.

MUSEU NACIONAL DO AZULEJO

📍 C2 · 🏠 Rua da Madre de Deus 4 · ⏰ Museo: 10.00–18.00 ma-do; iglesia: 10.00–13.00 y 15.00–18.00 ma-do · 📅 Festivos · 🌐 museunacionaldoazulejo.pt · 🔗

Los azulejos son un elemento característico de la cultura portuguesa. El Museo Nacional del Azulejo une a las excelentes muestras un hermoso emplazamiento en un convento del siglo XVI remodelado a lo largo de los siglos con azulejos moriscos que datan del siglo XV hasta nuestros días.

1 Iglesia Madre de Deus

Esta magnífica iglesia cubierta con bóvedas de cañón es el resultado de tres siglos de construcción y opulenta decoración. La distribución data del siglo XVI. Los paneles de azulejos y las tallas y molduras doradas se añadieron en los siglos XVII y XVIII. El edificio alberga el Museu Nacional do Azulejo.

2 Claustro manuelino

Este claustro pequeño pero hermoso es uno de los escasos elementos que se conservan del convento original Madre de Deus. Representa la vertiente más sobria del estilo manuelino. Los azulejos geométricos de las paredes, del siglo XVII, se añadieron en el siglo XIX.

3 Retablo de Nossa Senhora da Vida

Este retablo renacentista del siglo XVI tiene casi 5 m² y contiene más de 1.000 azulejos. Es obra de João de Góis y representa *La adoración de los pastores,* flanqueada por san Lucas y san Juan.

4 Claustro renacentista

Este sencillo y amplio claustro de dos plantas, construido durante la primera remodelación importante del convento en el siglo XVI, es obra

> 📷 **VISTAS**
> Las dos plantas del claustro que rodea el patio central, con delicadas columnas e intrincadas tallas, son un oasis de serenidad.

Altar mayor rococó de la iglesia Madre de Deus

de Diogo de Torralva. Acristalado para proteger las muestras y a los visitantes de las inclemencias del tiempo, es la luz del corazón del edificio.

5 Azulejos árabes

Los magníficos diseños geométricos, el variado colorido y las técnicas de vidriado de los azulejos árabes siguen inspirando a azulejeros e interioristas.

6 Panorama de Lisboa

Este gran mural de 23 m de largo es una cautivadora representación de la zona fluvial de Lisboa alrededor de 1740, antes del gran terremoto. Fue trasladado aquí desde uno de los palacios de la ciudad.

7 Exposición de azulejería

Esta muestra explica paso a paso el proceso

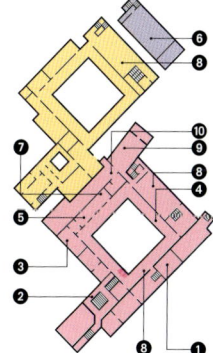

Plano del Museu Nacional do Azulejo

Simbología
- Segunda planta
- Primera planta
- Planta baja

de fabricación de los azulejos desde la pella de barro hasta el vidriado final, e ilustra cómo este elemento combina uso práctico y fines decorativos.

8 Exposiciones temporales

La planta baja y el primer piso acogen exposiciones temporales, por ejemplo

de azulejos contemporáneos, muy importantes en Portugal.

9 Tienda

La tienda ofrece abundantes reproducciones de azulejos de diseño clásico, modelos modernos y otros regalos.

10 Cafetería y jardín de invierno

La cafetería, decorada con azulejos de alimentos, merece una parada para tomar un almuerzo ligero o un café. El patio está parcialmente cubierto y sirve de jardín de invierno.

TOQUE DECIMONÓNICO

Para restaurar la fachada sur de la iglesia a finales del siglo XIX, el arquitecto empleó como modelo un cuadro que ahora se encuentra en el Museu de Arte Antiga *(p. 28)*, en el que aparece representada la iglesia a comienzos del siglo XVI. En el interior no se buscó tanta autenticidad. En uno de los claustros los restauradores del siglo XIX dejaron representado un símbolo destacado de su época: una máquina de vapor incorporada a uno de los capiteles superiores.

Panel de azulejos que representa una escena de caza

PALÁCIO NACIONAL DE QUELUZ

📍 A2 🏠 Largo do Palácio 🕐 9.00-18.00 diario (jardines: hasta 18.30)
📅 1 ene, 25 dic 🌐 parquesdesintra.pt ♿

Este exquisito palacio rococó con jardines formales se encuentra a solo 15 minutos del centro de Lisboa. Concebido inicialmente como residencia de verano, el palacio se convirtió en el hogar permanente de la familia real desde 1794 hasta su marcha a Brasil en 1807.

1 Pabellón Robillion

Los puristas consideran que este palacio de color rosado repleto de pilares, ventanas y balaustradas exquisitamente deco-radas, muestra un aspecto un tanto recargado. El diseño se debe al arqui-tecto francés Robillion.

2 Jardines

Los dos jardines, Pensil y Malta, ocupan el espacio situado entre las dos alas asimétricas del palacio. Fueron trazados por el arquitecto francés Robillion y están adornados con varias fuentes, estatuas y un topiario.

> ☕ **BEBER**
> La terraza de la Pousada es ideal para tomar una copa, a menos que se tenga la suerte de estar invitado a algún acto en el palacio.

3 Cozinha Velha y Pousada Dona Maria I

Las antiguas cocinas del palacio albergan el restaurante Cozinha Velha (cerrado al público). Una copa en la terraza de la nueva Pousada Dona Maria I, ubicada en los antiguos cuarteles de la guardia real, se aproxima mucho a lo que suponía vivir en Queluz.

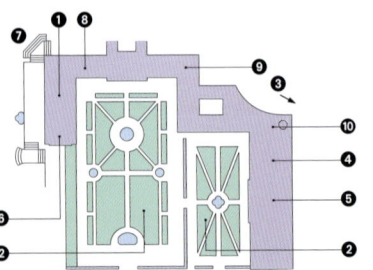

Plano del Palácio Nacional de Queluz

Fachada y jardines formales del palacio

techo abovedado dan aspecto redondo a esta habitación. Recibe su nombre por las escenas pintadas de Don Quijote.

7 Escalinata Robillion

Esta hermosa escalera une el parque inferior con el palacio y los jardines. Está flanqueada por una galería con arcos y una cascada que fluye hacia un pequeño lago por el que la familia real solía remar.

4 Sala de música

En la sala de música se celebraban conciertos, representaciones de ópera y bautizos importantes. Aún se emplea como sala de conciertos.

5 Salón del trono

Esta sala, que compite en grandiosidad con la suntuosa Sala dos Embaixadores, luce un magnífico techo abovedado. Servía de salón de baile, iglesia y teatro.

6 Cámara de Don Quijote

El diseño de las incrustaciones del suelo y el

8 Sala dos Embaixadores

En este magnífico salón se celebraban las audiencias con los embajadores. Luce una opulenta decoración con estucos y tallas. El trampantojo del techo representa a la familia real en uno de esos actos.

9 Corredor das Mangas

El pasillo que une las zonas antigua y nueva de Queluz debe su nombre a los cilindros de cristal o mangas de las velas.

Bonitos azulejos cubren el Corredor das Mangas

También se llama Corredor dos Azulejos, por la decoración de los muros.

10 Capilla

La capilla fue la primera parte del palacio que se completó en 1752. También servía para celebrar conciertos, algunos de la orquesta de cámara de Dona Maria I. Se cree que la reina y sus hermanas pintaron algunos de los murales.

LA REINA DEVOTA

Dona Maria I fue la primera reina indiscutible de Portugal y la primera monarca de Brasil. Fue una gobernante notable, pero tras la muerte de su hijo sufrió una enfermedad mental. En 1807 se exilió a Brasil para escapar de la invasión de Portugal por parte del emperador francés Napoleón.

Opulento interior de la Sala dos Embaixadores

MUSEU CALOUSTE GULBENKIAN

📍 F1 🏛 Avenida de Berna 45A ⏰ Por reformas (consultar la página web)
🌐 gulbenkian.pt/museu ✂

Basado en las colecciones privadas de Calouste Gulbenkian, este museo recorre más de 4.000 años de historia del arte. El museo forma parte de un complejo que alberga la Fundación Calouste Gulbenkian, una sala de conciertos y auditorio, una biblioteca y un parque. La Fundación también incluye el CAM, un centro de arte moderno y contemporáneo.

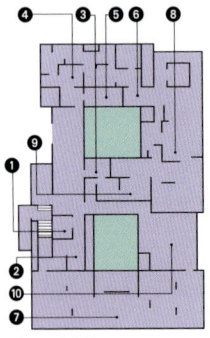

Plano del Museu Calouste Gulbenkian

1 Taza egipcia de la tercera dinastía

Este elegante cuenco de alabastro está inspirado en un recipiente para ungüentos. Los antiguos egipcios decoraban las tumbas con objetos cotidianos. Esta pieza tiene 4.000 años de antigüedad y fue hallada en una tumba al norte de Tebas.

2 Jarrón de la antigua Grecia

Este hermoso jarrón en terracota del siglo V a. C. está decorado con escenas mitológicas: el rapto de Hilaira y Febe, hijas de Leucipo, y una bacanal.

3 Santa Catalina y San José

Se cree que estas dos pinturas del maestro del siglo XV, Rogier van der Weyden, formaban parte de un retablo cuya tercera tabla se expone en la National Gallery de Londres. Se cree que la figura femenina es santa Catalina de Alejandría.

4 Pompas de jabón

Este cuadro pintado por Édouard Manet en 1867 no es solo una representación de la *Vanitas*, la popular alegoría sobre la fugacidad de la vida y el arte, sino también un

***Pompas de jabón*, obra impresionista de Manet**

hábil retrato de Léon-Édouard Koëlla, hijastro del artista.

5 Colección Lalique

Gulbenkian era buen amigo del joyero francés René Lalique y adquirió muchas de sus bonitas piezas, gran parte de las cuales se exhiben en esta zona del museo.

6 Diana

Esta espléndida escultura de mármol realizada en 1780 por el escultor francés Jean-Antoine Houdon es peculiar para la época, ya que representa a la diosa en movimiento y completamente desnuda. Perteneció a Catalina la Grande de Rusia y fue expuesta en el Ermitage, donde su desnudez provocó escándalo.

7 Arte del Oriente islámico

Una amplia galería alberga la variada colección de manuscritos, alfombras, tejidos, cerámica y otros objetos de Turquía,

La galería de Arte del Oriente islámico, en el Museu Calouste Gulbenkian

Siria, el Cáucaso (incluida la Armenia natal de Gulbenkian), India y Persia.

8 Muebles Luis XV y XVI

A pesar de su aspecto ostentoso, las ornamentadas piezas francesas del siglo XVIII de la colección de artes decorativas resultan fascinantes por los materiales y la artesanía. Destacan una magnífica cómoda Luis XV con incrustaciones

Delicada mesa del siglo XVIII

CONSEJO TOP 10

No hay que perderse el arte portugués de la Colección Moderna.

de paneles lacados, pan de oro, madreperla, bronce y ébano, y una mesa con un estante que gira sobre un eje para descubrir un espejo.

9 Retrato de un anciano

Este interesante retrato de un anciano en claroscuro refleja la consabida preocupación de Rembrandt por la vejez. El anciano tiene la mirada cansada y las manos surcadas de arrugas. Nada se sabe del modelo.

10 Tazón de la dinastía Yuan

Este espectacular tazón de esmalte vidriado azul, que data de principios del siglo XIV, está decorado con delicados relieves de figuras taoístas.

CALOUSTE GULBENKIAN

Gulbenkian (n. 1869) hizo fortuna negociando el traspaso de activos entre compañías petrolíferas y la dedicó a su pasión por el arte. Llegó a Lisboa durante la Segunda Guerra Mundial, donde residió hasta su muerte en 1955. Su testamento establece que una fundación cuide de la vasta colección.

SINTRA

🏠 30 km al noroeste de Lisboa 🌐 cm-sintra.pt; parquesdesintra.pt

Sintra, Patrimonio de la Humanidad por la Unesco, sirvió de residencia estival para los reyes portugueses desde el siglo XIII hasta la proclamación de la república en 1910. Aún conserva aspectos de un lugar de retiro en la montaña: clima fresco, zonas verdes y un ambiente romántico. La ciudad antigua resulta encantadora, aunque siempre está abarrotada, y los paisajes y lugares de interés circundantes son de visita obligada.

1 Monserrate

Un palacio de estilo árabe domina los jardines de Monserrate *(p. 102)*, cuyo trazado se debe a residentes ingleses.

EL REY ARTISTA

A Fernando de Sajonia-Coburgo-Gotha se le conoce como Dom Fernando II, el rey artista. Amante del arte, la naturaleza y los inventos de su época, incluso pintaba acuarelas. Encargó la construcción del Palácio Nacional da Pena, donde vivió hasta su muerte en 1885.

2 Palácio Nacional da Pena

Dom Fernando II, rey consorte de Dona Maria II, ordenó construir este palacio a mediados del siglo XIX. La construcción refleja los eclécticos gustos del rey y conserva el aspecto de cuando la familia real vivió en él por última vez. Hay que reservar para visitar el palacio.

3 Parque da Pena

El parque del Palácio da Pena es otra aportación de Dom Fernando II a la magia de Sintra. En él se encuentra la casa que construyó para su amante Elise Hensler, una cantante de ópera estadounidense.

4 Quinta da Regaleira

Este lujoso palacio se alza junto a una curva cerrada en la antigua carretera a Colares. Se construyó alrededor de 1900 para António Augusto Carvalho Monteiro, un millonario y filántropo dueño también de Peninha *(p. 104)*. No hay que perderse el pozo iniciático.

5 Eléctrico de Sintra

Esta línea de tranvía conecta Sintra con Praia das Maçãs. El trayecto dura 45 minutos y cruza paisajes frondosos y pueblos costeros.

**Palácio Nacional da Pena
en lo alto de Sintra**

🍴 **COMER**
Las pastelerías
Queijadas da Sapa
(*Volta do Duche 12*)
y Casa Piriquita (*Rua
Padarias 1*) ofrecen
deliciosas *queijadas*
(tartas de queso).

**6 Palácio de
Seteais**
Seteais fue construido
en 1787 y más tarde
se añadió la fachada
neoclásica. En la
actualidad es un hotel
al que se recomienda
acudir bien vestido (*p. 117*).

**7 Parque da
Liberdade**
Este pintoresco parque
urbano con multitud de
senderos empinados
ocupa el valle, bajo la
ciudad antigua.

**8 Castelo
dos Mouros**
Del siglo VIII, fue arrebata-
do a los musulmanes en
1147 por Afonso Henriques
y reconstruido por Dom
Fernando II en el siglo XIX.
En el interior hay una capilla con una exposición de la
historia del castillo y una
cisterna árabe.

**9 Palácio Nacional
de Sintra**
Dos chimeneas cónicas se-
ñalan el lugar del antiguo

Palacio Real. Este edificio,
magnífica mezcla de esti-
los morisco y renacentista,
se inició en el siglo XIV y fue
ampliado en el siglo XVI.

**10 Centro Cultural
Olga Cadaval**
La principal sede cultural
de Sintra es un centro
moderno que acoge dan-
za, teatro, conciertos y
cine. Se construyó en
1987, después de que un
incendio destruyera el
cine Carlos Manuel.

*En el sentido de las
agujas del reloj*
**Muralla del Castelo dos
Mouros; cúpula
morisca de Monserrate;
exposición en la capilla
del Castelo dos Mouros**

LO MEJOR DE LISBOA

Museos y galerías   44

Iglesias y monasterios   46

Mejores vistas   48

Playas   50

Fuera de las rutas habituales   52

Lisboa en familia   54

Bares y discotecas   56

De compras en Lisboa   58

Lisboa gratis   60

Excursiones   62

Azulejos del Mosteiro dos Jerónimos

MUSEOS Y GALERÍAS

1 Museu Nacional do Azulejo

El popular Museo Nacional del Azulejo (*p. 34*) de Lisboa ocupa un impresionante convento y su iglesia. Contiene muestras exhaustivas dedicadas a los azulejos y su fabricación y cuenta con un agradable café-restaurante.

2 Museu de Arte, Arquitetura e Tecnologia (MAAT)

⬚ B6 **⬚** Avenida de Brasília
⬚ 10.00-19.00 mi-lu **⬚** maat.pt

El elegante MAAT está dedicado al arte contemporáneo, principalmente portugués, a la arquitectura moderna y la tecnología.

3 Galeria 111

⬚ C2 **⬚** Rua Dr. João Soares 5B
⬚ 10.00-19.00 ma-sá **⬚** 111.pt

Desde la apertura en 1964, esta galería de arte contemporáneo expone obras de artistas portugueses como Paula Rego, Júlio Pomar y Joana Vasconcelos, así como de artistas internacionales.

4 Museu Calouste Gulbenkian

El armenio Calouste Gulbenkian, magnate del petróleo y coleccionista de arte, podría ser el personaje más destacado en la vida cultural portuguesa de posguerra. El museo (*p. 38*) es una verdadera joya no solo porque abarca un extensísimo periodo de la historia del arte, sino también por los agradables jardines y el centro de arte contemporáneo.

5 Zé dos Bois

⬚ K4 **⬚** Rua da Barroca 59
⬚ 18.00-22.00 lu-sá; bar: 18.00-2.00 lu-ju, 18.00-3.00 vi y sá
⬚ zedosbois.org

El Zé dos Bois, o ZDB, es una de las galerías más inspiradoras y alternativas de Lisboa. Es también un bar y local de conciertos.

6 Museu Nacional de Arte Contemporânea do Chiado (MNAC)

Este museo (*p. 82*), bastión del arte moderno portugués, posee una colección que se extiende desde mediados del siglo XIX hasta el XXI, aunque el periodo posterior a 1950 está menos representado. También organiza exposiciones temporales.

7 Museu Nacional dos Coches

Este es uno de los museos (*p. 92*) más populares de Lisboa gracias a la colección de 68 coches de caballos y sus vínculos con el pasado.

Pieza del Museu Nacional dos Coches

Cuadros expuestos en el Museu Nacional de Arte Antiga

8 Museu Nacional de Arte Antiga

El Museo Nacional de Arte Antiguo *(p. 28)* alberga obras nacionales e internacionales de valor incalculable, entre las que se incluyen pinturas, esculturas, textiles y artes decorativas. En ocasiones se le llama Museu das Janelas Verdes por el nombre de la calle en que se encuentra y por el color de las ventanas.

9 Centro Histórico de Lisboa

N5 Praça do Comércio 78–81 10.00-19.00 diario (último pase: 18.00) lisboastorycentre.pt

Ofrece un paseo por la historia de Lisboa a través de diversas salas. Los distintos periodos se recrean con maquetas, cuadros y exposiciones multimedia, entre ellas una versión 4D del terremoto de 1755.

10 Fundação/Museu Arpad Szenes-Vieira da Silva

Praça das Amoreiras 56 10.00-18.00 ma-do fasvs.pt

Ubicado en una antigua fábrica de sedas, este museo está dedicado a la artista portuguesa modernista del siglo XX Maria Helena Vieira da Silva y a su marido, el pintor húngaro Arpad Szenes.

TOP 10 ARTISTAS PORTUGUESES

1. Nuno Gonçalves
Los *Paneles de san Vicente* se atribuyen a este pintor del siglo XV, que tal vez incluyera su autorretrato en el cuadro.

2. Vhils
Alexandre Farto (n. 1987), más conocido por Vhils, es un artista callejero famoso por sus retratos en bajorrelieve.

3. Josefa de Óbidos
Las obras de esta pintora y grabadora (1630-1684) se enmarcan entre el manierismo y el barroco.

4. Graça Morais
Esta célebre artista (n. 1948) es conocida por sus intensos retratos y paisajes rurales, algunos de los cuales se exponen en el Gulbenkian.

5. José Malhoa
Un pintor naturalista (1855-1933), más conocido por pintar *O Fado*.

6. Columbano Bordalo Pinheiro
Este magnífico pintor realista y retratista (1857-1929) pintó a muchos de los miembros más destacados del movimiento republicano.

7. Júlio Pomar
Pomar (1926-2018), uno de los pintores más importantes del siglo XX portugués, estaba en contra de las dictaduras fascistas.

8. Paula Rego
Rego (1935-2022), nacida en Portugal, era conocida por realizar grabados y pinturas basados en libros infantiles y cuentos populares portugueses.

9. João Cutileiro
Nacido en Lisboa, este escultor portugués (1937-2021) fue famoso por sus obras de mármol que representan torsos femeninos.

10. Joana Vasconcelos
Vasconcelos (n. 1971), artista feminista, subvierte objetos cotidianos y los arranca de su contexto ordinario para transformarlos en hermosas esculturas e inmensas instalaciones como *Valkyrie Mumbet* y *Trafaria Praia*.

IGLESIAS Y MONASTERIOS

1 Mosteiro dos Jerónimos
El estilo manuelino del monumento más significativo del país incorpora motivos ornamentales del arte islámico (*p. 24*).

2 Sé de Lisboa
Desde la distancia, la catedral de Lisboa (*p. 26*) parece evocar la mezquita que la precedió. De cerca, este edificio románico muestra una evocadora sencillez.

3 Igreja de São Domingos
Esta iglesia es una de las más antiguas de Lisboa (*p. 73*) y una de las mayores supervivientes. Se construyó en 1242, sufrió daños en los terremotos de 1531 y 1755 y se incendió en 1959. Sede de la Inquisición durante un tiempo, desde 2008 un monumento recuerda a los judíos muertos durante ese periodo histórico.

4 Basílica da Estrela
🄔 E4 🄓 Praça da Estrela 🄒 213 960 915 🄞 Los horarios varían, llamar antes
Esta basílica se inició en 1779 como acción de gracias por el alumbramiento de Dona Maria I de un hijo varón, que murió de viruela antes de que la iglesia estuviera concluida. En el interior se puede contemplar la tumba de la reina y un nacimiento con más de 500 figuras de corcho y terracota; para verlo hay que pedírselo al sacristán.

5 Panteão Nacional
Rasgo característico del perfil del este de la ciudad, esta preciosidad barroca es sobre todo famosa por haber precisado de 284 años para su finalización (*p. 68*). Construida en plano de cruz griega con brazos redondeados, la iglesia presenta similitudes con la basílica de San Pedro de Roma, aunque esta iglesia presenta naves laterales simétricas. También conocida como iglesia de Santa Engracia, alberga cenotafios de portugueses ilustres, como el escritor Almeida Garret y la fadista Amália Rodrigues.

6 São Vicente de Fora
🄟 Q3 🄓 Largo de São Vicente 3 🄞 10.00-18.00 diario 🄦 mosteirode saovicentedefora.com 🄲
En 1173, cuando san Vicente fue proclamado patrón de Portugal, sus reliquias se trasladaron desde el Algarve a Lisboa. Esta iglesia lleva su nombre. Felipe II de España ordenó levantar el actual templo manierista a principios del XVII. El refectorio fue convertido en panteón de la familia real de Bragança en 1885.

7 Igreja da Graça
🄟 P2 🄓 Largo da Graça 🄞 Abr-oct: 9.00-19.00 diario; nov-mar: 9.30-18.30 diario 🄦 igrejadagraca.pt 🄲
Monasterio agustino de 1271, tuvo que ser reconstruido tras el terremoto de 1755. La iglesia alberga el Senhor dos Passos, una imagen de Cristo portando la cruz. La terraza de la azotea ofrece vistas espectaculares de la ciudad.

El ornamentado interior de la Basílica da Estrela

Los delicados arcos y pilares de la gótica Igreja do Carmo

8 Igreja do Carmo

La iglesia y convento de Carmo, de finales del siglo XIV, fue uno de los principales templos de Lisboa hasta que la techumbre se derrumbó el Día de Todos los Santos de 1755. Las evocadoras ruinas con arcos góticos acogen un museo arqueológico *(p. 83)*.

9 Igreja de São Roque

Construida en el siglo XVI para la orden jesuita, esta iglesia *(p. 81)* es famosa por el opulento interior, recubierto de pan de oro y preciosas tallas, sobre todo la capilla de San Juan Bautista. Ensamblada en Roma en la década de 1740 utilizando los materiales más preciosos de la época, como lapislázuli, ágata, alabastro, amatista, los mejores mármoles, oro y plata, la capilla fue bendecida por el papa y posteriormente desmontada y trasladada a Lisboa en tres barcos.

10 Igreja de Santo António

🗺 N4 🏠 Largo de Santo António da Sé ⏰ 10.00–19.00 diario

Aquí supuestamente nació el patrón de Lisboa a finales del siglo XII. El actual templo barroco reemplazó al original destruido durante el terremoto de 1755. En junio se celebran multitud de bodas, ya que se cree que san Antonio concede suerte a los recién casados.

TOP 10
JOYAS MANUELINAS

1. Claustro de los Jerónimos
João de Castilho empleó en este claustro todos los elementos característicos del manuelino. Es la atracción turística más popular de Belém; conviene dedicarle tiempo.

2. Torre de Belém
Esta torre *(p. 32)*, más decorativa que defensiva, es un ejemplo perfecto del estilo manuelino.

3. Pórtico sur de los Jerónimos
El derroche de santos, reyes y símbolos que cubre este pórtico es totalmente simétrico *(p. 24)*.

4. Nave de los Jerónimos
Los pilares octogonales, labrados con elementos orgánicos y geométricos, se elevan hasta la bóveda de tracería *(p. 24)*.

5. Pórtico de Conceição Velha
Este pórtico manuelino *(p. 74)* es lo único que se conserva de la iglesia del siglo XVI, destruida en el terremoto de 1755.

6. Pórtico, Museu do Azulejo
El pórtico de este museo *(p. 34)* data del siglo XIX, cuando se reconstruyó la fachada a partir de un cuadro del siglo XVI.

7. Claustro manuelino, Museu do Azulejo
Este claustro recoleto *(p. 34)* recuerda que en el siglo XVI este edificio fue un convento.

8. Ermida de São Jerónimo
🗺 B5 🏠 Praça de Itália
Esta sencilla capilla de 1514 concede al estilo manuelino una estética más contemporánea.

9. Casa dos Bicos
🗺 N5 🏠 Rua dos Bacalhoeiros 10
Un palacio del siglo XVI que combina elementos de estilo italiano y ventanas manuelinas. Alberga la Fundación José Saramago *(josesaramago.org)*.

10. Estación de Rossio
Esta estación *(p. 76)* de 1892 es de estilo neomanuelino con toques *art nouveau*.

MEJORES VISTAS

1 Castelo de São Jorge
🗺 N3

La vista desde el pinar que cubre la explanada del castillo abarca Alfama, la Baixa, el Bairro Alto en la colina opuesta y el río. La luz adquiere un tono especialmente cálido a última hora de la tarde. Un magnífico lugar para contemplar la puesta de sol.

2 Miradouro de Santa Luzia
🗺 P4

Este romántico mirador junto a la iglesia de Santa Luzia tiene una pérgola con pilares, muros y bancos alicatados. La veranda ofrece vistas vertiginosas de Alfama y el río, una visión que comparte con el café contiguo.

3 Miradouro de São Pedro de Alcântara
🗺 P4

Este pequeño parque es uno de los miradores más conocidos de Lisboa. El jardín contiguo, formal y menos accesible, aparece cubierto de buganvillas. La vista se extiende desde Restauradores y la Baixa hasta la Sé de Lisboa y el castillo.

4 Miradouro de Santa Catarina
🗺 J5

Este lugar no es solo un mirador, sino también un punto de encuentro y una zona de ocio. Una escultura de Adamastor, personaje del poema épico de Camões *Os Lusíadas*, contempla el lugar desde un pedestal de piedra. Se consigue una amplia panorámica del río que abarca la estación de Cais do Sodré, los muelles de Alcântara y el Ponte 25 de Abril.

5 Parque Eduardo VII
A muchos les costará que este parque *(p. 95)* de distribución formal, laderas empinadas y escasa sombra les despierte afecto, aunque subiendo

Jardines formales del Parque Eduardo VII

Vista de Lisboa iluminada al anochecer

de los miradores más elevados de la ciudad, ofrece una amplia panorámica que abarca el castillo, la iglesia de Graça, el barrio de Mouraria, el estuario del Tajo, la zona baja y central de Lisboa y el parque de Monsanto.

9 Jardim do Torel
L1

Este pequeño jardín situado en una ladera es un mirador poco conocido desde donde se divisa Restauradores y la Avenida da Liberdade. En verano alberga una playa urbana con piscina y arena.

10 Arco da Rua Augusta
M5

Este imponente arco ornamentado domina la cara norte de la Praça do Comércio. Fue construido para dar acceso a la reconstrucción de la ciudad tras el terremoto de 1755 y las estatuas que lo coronan representan a figuras históricas portuguesas. Por la angosta escalera de caracol se sube hasta lo más alto para contemplar unas vistas asombrosas de la Baixa. Al regresar, se puede visitar la Sala del Reloj, una exposición que exhibe el funcionamiento del reloj original, del siglo XIX.

hasta la parte alta se descubre la intención del arquitecto, pues se divisa toda la ciudad descendiendo hasta el río. Las zonas laterales tienen peores vistas pero más sombra. A finales del verano acoge la anual Feira do Livro de Lisboa.

6 Elevador de Santa Justa
La mejor panorámica de la Baixa, Rossio y el castillo al fondo se consigue desde la terraza situada en lo alto del Elevador de Santa Justa *(p. 75)*. A través de unas escaleras en espiral muy estrechas se puede acceder a un segundo mirador, cerrado temporalmente por reformas.

7 Igreja da Graça
P2

En el pinar que se extiende junto a la iglesia de Graça hay un café con vistas de la parte baja de la ciudad, el río y el puente. Para disfrutar de unas vistas panorámicas, se puede subir a la terraza de la azotea de la iglesia. Al igual que en el mirador del castillo, conviene acudir a última hora de la tarde.

8 Miradouro da Senhora do Monte
P1

Nuestra Señora del Monte (hay una pequeña capilla tras el mirador), uno

PLAYAS

1 Caparica Norte
Al sur de Lisboa, la pintoresca costa de Caparica está más concurrida en el extremo norte, donde se encuentra la ciudad de Caparica. Aquí hay hoteles de categoría media, residencias de vacaciones, *campings* y restaurantes.

2 Carcavelos
La mayor playa en la costa de Estoril se encuentra a una distancia de Lisboa adecuada para disfrutar de aguas limpias y poder visitarla en una tarde. Junto a la playa hay bares y restaurantes donde tomar un aperitivo. Es buena zona para el surfing y hay un buen número de escuelas de surf en la playa. Carcavelos sigue resultando muy agradable fuera de temporada.

3 Sesimbra
A 45 minutos de Lisboa se encuentra la pequeña ciudad pesquera de Sesimbra protegida por la sierra de Arrábida. La ciudad tiene una larga playa dividida por un bonito fuerte, ideal para familias en busca de aguas tranquilas, y un castillo que se asoma desde lo alto de una colina cubierta de pinos. Muy popular por las marisquerías, se puede acceder a Sesimbra en el autobús que sale de la parada frente al zoo de Lisboa.

4 Estoril y Cascais
Estas playas *(p. 101)* llegan a abarrotarse pues son cortas y estrechas. Paralelo a la arena hay un paseo que une São João do Estoril y Cascais, repleto de bares y restaurantes tranquilos donde también se puede tomar el sol.

5 Adraga
Más allá de Cabo da Roca *(p. 102)*, junto a la carretera de Sintra, se puede acceder a esta hermosa playa, a través de Almoçageme. La zona disfruta del clima fresco de Sintra. Solo hay un restaurante, pero es excelente.

6 Guincho
En Guincho *(p. 101)* el viento puede llenarnos los ojos de arena, pero la playa resulta perfecta para la práctica del surf y es la más agreste en la costa de Cascais. Este hermoso lugar alejado de los urbanizados alrededores de Cascais y con las colinas de Sintra al fondo atrae a muchos bañistas los fines de semana de verano. Para evitar los problemas de aparcamiento, se puede alquilar una bicicleta en Cascais y llegar por la carretera costera.

7 Praia Grande, Sintra
Esta playa ofrece el mayor tramo de arena de la zona y es popular entre aficionados al surf. Hay bares, restaurantes y un hotel.

Lagoa de Albufeira, muy popular para practicar kitesurfing

8 Lagoa de Albufeira y Meco
Para acceder a la mitad sur de la costa de Caparica es necesario dar un rodeo por carretera a través de Sesimbra. Lagoa de Albufeira es una laguna frecuentada por aficionados al kitesurf. Meco, más al sur, se extiende frente a un pueblo con restaurantes y bares.

9 Praia das Maçãs
La playa de la Manzana es una de las mejores para las familias en la costa de Sintra-Colares. Tiene una zona de pícnic, otra de juegos, piscinas con toboganes y además buenos restaurantes de marisco en los alrededores.

10 Praia da Ursa
Esta playa, de las más recónditas, no aparece en los mapas y para llegar es necesario bajar una empinada cuesta. Rodeada de acantilados, aunque el oleaje puede ser fuerte, carece de servicios y socorristas. Para llegar a la playa hay que tomar la carretera en dirección a Cabo da Roca, donde una pequeña señal indicando Ursa lleva al aparcamiento.

Playa y paseo a lo largo de la costa de Estoril

TOP 10
ACTIVIDADES AL AIRE LIBRE

1. Ciclismo de montaña
Las montañas de Lisboa ofrecen el terreno ideal para la bici de montaña. Es muy aconsejable tomar las sendas que rodean Sintra o Arrábida.

2. Ciclismo
El ciclismo es cada vez más popular en Lisboa y se pueden alquilar bicicletas en Cascais y cerca de Belém.

3. Deportes de tabla
El surf y el body board son populares en las costas de Estoril y Sintra, y el kitesurf en la costa de Caparica.

4. Pesca
Se pueden ver pescadores por todas partes junto al río y las playas. Los turistas que quieran echar el anzuelo mar adentro pueden participar en una excursión en barco organizada desde la costa de Cascais.

5. Observación de aves
Las marismas del Tajo, cerca de Alcochete, y la península de Tróia albergan una variada población de aves casi todo el año.

6. Navegación
Hay escuelas de navegación en el Parque das Nações, en Belém y en la costa de Cascais. También se pueden alquilar embarcaciones grandes.

7. Hípica
Existen varios clubes hípicos alrededor de Cascais y Sintra, así como en Campo Grande en Lisboa.

8. Correr
La orilla oeste del río resulta ideal para correr, al igual que el Parque Eduardo VII. Monsanto y la costa de Guincho son otras opciones.

9. Paseos
En Sintra, Arrábida o el estuario del Tajo hay numerosas opciones para un paseo tranquilo.

10. Patinaje sobre ruedas
El Parque das Nações, los muelles de Alcântara y Belém disponen de zonas para patinar.

FUERA DE LAS RUTAS HABITUALES

1 Cristo Rei
🚩 Almada ⏰ 10.00-19.00 diario (oct-mar: hasta 18.00) 🌐 cristorei.pt

Desde su atalaya en la orilla sur del río, Cristo Rei vigila Lisboa. El pedestal de 28 m de altura fue inaugurado en 1959 en agradecimiento a que Portugal se librara de estar implicada en la Segunda Guerra Mundial. Inspirada en la célebre estatua de Río de Janeiro, desde entonces se ha convertido en un lugar de peregrinación. Hay ascensores que suben hasta la plataforma al pie de la estatua.

2 Prazeres
🚩 D4 🏛 Praça São João Bosco ⏰ May-sep: 9.00-18.00 diario; oct-abr: 9.00-17.00 diario 🌐 cm-lisboa.pt

El tranvía 28 lleva hasta el principal cementerio de Lisboa, una aldea pulcra de sepulturas prístinas. En este tranquilo lugar fueron enterrados algunos de los más importantes habitantes de Lisboa entre los cipreses más viejos de la península ibérica.

3 Cacilhas
Un ferri recreativo llega a este pequeño puerto situado frente a Lisboa que acoge algunos fabulosos restaurantes de pescado, así como *Dom Fernando II e Glória,* una fragata del siglo XIX restaurada que ahora es un museo.

4 Lapa
🚩 E5

Situado en una empinada ladera que da al Tajo, Lapa es un barrio codiciado con casas y mansiones lujosas ocupadas por embajadas, consulados y gente adinerada.

5 Praça das Amoreiras
🚩 E3

A los residentes les gusta sentarse a tomar café en un quiosco bajo los árboles de esta plaza, que además tiene parque infantil. Está flanqueada por los arcos de los últimos tramos del Aqueduto das Águas Livres, del siglo XVIII, que llevaba agua a la capital.

6 Aqueduto das Águas Livres
Se puede realizar un paseo guiado por lo alto del tramo más espectacular del acueducto de Lisboa (*p. 90*). Se construyó una década antes del terremoto de 1755, al que sobrevivió para suministrar agua a una ciudad hecha añicos.

7 Palácio das Necessidades
🚩 D5 🏛 Largo das Necessidades ⏰ Jardines: abr-sep: 8.00-20.00 diario; oct-mar: 8.00-18.00 diario 🌐 informacoeseservicos.lisboa.pt

Este palacio rosado del siglo XVIII, construido por Dom João V y utilizado por las monarquías portuguesas hasta 1910, ahora es del Ministerio de Asuntos Exteriores. El interior está cerrado al público, pero los exóticos jardines son deliciosos.

Criptas y tumbas en Prazeres, el principal cementerio de Lisboa

El antiguo complejo industrial que alberga LX Factory

8 LX Factory

D6 🏠 Rua Rodrigues de Faria 103 ⏰ Los horarios varían, consultar la página web 🌐 lxfactory.com

Este antiguo complejo industrial ubicado en la zona de Alcântara hoy es un enclave hípster repleto de bares, restaurantes, *boutiques* y galerías de arte. La Livraria Ler Devagar, una fotogénica librería con una acogedora cafetería, es de visita obligada.

9 Poço dos Negros

R4 🏠 Rua do Poço dos Negros, Rua de São Bento, Rua dos Poiais de São Bento

Situado entre Estrela y el Bairro Alto, se ha convertido en uno de los centros de ocio más creativos de Lisboa. Reúne comercios de alimentación como Mercearia Poço dos Negros, modernas tiendas de diseño y cafés de moda como The Mill y Hello, Kristoff.

10 Estación de bombeo de Barbadinhos

P2 🏠 Rua do Alviela 12 ⏰ 10.00-12.30 y 13.30-17.30 ma-do 🌐 epal.pt

Fascinante reliquia del ingenio victo-riano, fue construida en 1880 para bombear agua por las empinadas laderas de Lisboa desde un depósito cercano. La estación funcionó sin

descanso hasta 1928. Hoy alberga un museo con las máquinas a vapor originales. Destaca la exposición sobre Chafariz d'El Rei, del siglo XVII, una de las primeras fuentes de Lisboa. El museo también acoge exposiciones temporales.

LISBOA EN FAMILIA

1 Oceanário de Lisboa

El Oceanário de Lisboa *(p. 30)* se inauguró para la Exposición Universal de 1998 y sigue siendo el principal reclamo del Parque das Nações. Uno de los mayores acuarios del mundo, cuenta con una impresionante variedad de especies.

2 Patinaje sobre ruedas, sobre hielo y patinete

En Lisboa hay varias zonas con rampas y pistas para patinar. Una de las mejores se encuentra cerca de la Torre Vasco da Gama en el Parque das Nações *(p. 30)*. En invierno, hay una pista de hielo al aire libre en el Parque Eduardo VII *(p. 95)*.

3 Pavilhão do Conhecimento-Ciência Viva

Este museo interactivo de ciencia y tecnología *(p. 31)* ofrece intrigantes muestras que ilustran las leyes fundamentales de la naturaleza, como un paseo en bicicleta sobre un cable a 6 m de altura. En la planta baja los más pequeños pueden colocarse un casco y ayudar a construir la Casa Inacabada.

4 Quake

📍 B6   🏠 Rua Cais de Alfândega Velha 39   🕐 10.00-18.00 diario (en franjas horarias específicas)   🌐 lisbonquake.com

En este museo interactivo con simuladores se puede revivir el terremoto de 1755. No se admiten menores de cuatro años. Hay que reservar con antelación a través de la página web.

5 Monsanto

El Parque Florestal de Monsanto *(p. 90)* es un pinar situado en los confines occidentales de la ciudad que ofrece una gran variedad de actividades al aire libre. El Parque Recreativo do Alto da Serafina y el Parque Infantil do Alvito son zonas muy populares y valladas con juegos para los niños.

6 Piscinas

Muchos hoteles de Lisboa tienen piscinas al aire libre, ideales para relajarse. El Clube Nacional de Natação *(Rua de São Bento 209)* tiene un complejo con piscinas cubiertas y exteriores. Otra alternativa es la Piscina do Oriente *(Rua Câmara Reis)* en la zona este de Lisboa.

Exposiciones interactivas en el Pavilhão do Conhecimento-Ciência Viva

Pozo iniciático en la Quinta da Regaleira

7 Quinta da Regaleira
Túneles subterráneos, escaleras de caracol y senderos escondidos convierten esta propiedad del siglo XX (p. 40) en un divertido laberinto para explorar. Hay que dirigirse hacia el pozo iniciático y admirar los escalones de piedra que surgen sobre el agua. Conviene llevar una linterna; algunos de los pasajes son muy oscuros.

8 Museu da Electricidade
📍 B6 📌 Avenida de Brasília
🕐 10.00-19.00 mi-lu
Situado en plena orilla, el Museo de la Electricidad, que forma parte del MAAT (p. 44), incluye una sección donde los niños pueden jugar y aprender.

9 Playas
Las del Atlántico no resultan demasiado seguras para los más pequeños. La marea baja es buen momento para levantar castillos de arena y chapotear en las charcas que ha dejado el mar. Se pueden encontrar las playas más protegidas en la costa de Cascais (p. 61), Sesimbra, Arrábida y Tróia (p. 62).

10 Museu Nacional de História Natural e da Ciência
📍 J2 📌 Rua da Escola Politécnica 58
🕐 10.00-17.00 ma-do (jardines: verano: hasta 20.00)
Este museo junto al Jardim Botânico (p. 88) forma parte del recinto de la antigua escuela politécnica. Las muestras ilustran los principios básicos de la física.

TOP 10
RESTAURANTES FAMILIARES

1. Nosolo Itália
Se sirven pizzas, pastas y helados en una amplia terraza (p. 93).

2. Mercado da Ribeira
📌 Avenida 24 de Julho
🌐 timeoutmarket.com
Este mercado de alimentación ofrece más de 40 opciones distintas.

3. Casanova
Popular pizzería (p. 71) junto al muelle; los niños pueden ver cómo trabaja el cocinero.

4. Café Buenos Aires
📌 Calçada do Duque 31B
🌐 cafebuenosaires.pt
La terraza está libre de tráfico y el ambiente en el comedor resulta apacible.

5. Psi
Los bonitos jardines que lo rodean son perfectos para que jueguen los niños (p. 99).

6. Chapitô a Mesa
📌 Costa do Castelo 7 📞 218 875 077
Parte de una popular escuela circense, este restaurante ofrece vistas impresionantes y una carta deliciosa.

7. A. P. F. Cafe & Restaurant
📍 E4 📌 Rua da Trinas 67A
📞 213 901 939
Espacio familiar con zona de juegos para niños y restaurante con menú infantil.

8. Restaurantes de Doca de Santo Amaro
📌 Doca de Santo Amaro
Los restaurantes ubicados frente al puerto deportivo colocan mesas al aire libre y son ideales para familias.

9. Restaurantes del Parque das Nações
📌 Parque das Nações
La oferta incluye terrazas, establecimientos de carne y restaurantes flotantes.

10. Restaurantes de Rua Vieira Portuense, Belém
Los restaurantes al aire libre de esta pequeña calle miran hacia el Jardim Botânico de Belém (p. 88).

BARES Y DISCOTECAS

1 Lisboa Rio

🅟 K6 🅐 Cais Gás 14

Este bar y restaurante mediterráneo, con una hermosa terraza con vistas al muelle, se transforma en una discoteca de moda los fines de semana. Con DJ tanto residentes como invitados de todo el mundo, hay música animada y entretenimiento.

2 Cais do Gás

🅟 F5 🅐 Cais Gás

Antiguos almacenes junto al río se han convertido en bares y discotecas. Clásicos como Jamaica y Tokyo se trasladaron desde la Calle Rosa, sumándose a otros como Titanic Sur Mer, con actuaciones en directo, y B. Leza, famoso por la música afro.

3 Fábrica Braço de Prata

🅟 C2 🅐 Rua Fábrica de Material de Guerra 1

Una antigua fábrica de municiones del lado este de la ciudad que hoy es un centro cultural de moda. Ofrece música en directo, teatro y la oportunidad de bailar con los lisboetas durante las sesiones semanales de forró.

4 Lux

🅟 R3 🅐 Cais da Pedra, Avenida Infante Dom Henrique

Situado junto al Puerto en un antiguo almacén, Lux está considerado el local nocturno más elegante y variado de Lisboa. Dispone de pista de baile en la planta baja, bar con zona de baile en la parte alta, terraza en la azotea, decoración retro y buenos pinchadiscos. A la altura de lo que se dice de él.

5 Bar Lounge

🅟 J5 🅐 Rua da Moeda 1

DJ Mário Valente ha trabajado para enriquecer la ecléctica mezcla de indie, pop electrónico y rock que se escucha desde principios del milenio en el Bar Lounge. Emplazado al final de un callejón, su completo programa de bandas en directo, combinado con un ambiente relajado, se ha ganado una leal clientela.

6 Damas

🅟 P2 🅐 Rua da Voz do Operário 60

Esta institución de la vida nocturna en Graça acoge DJ locales y bandas en directo. Para disfrutar de la mezcla de estilos musicales que ofrece, es conveniente llegar pronto para evitar las colas.

7 Incógnito

🅟 F4 🅐 Rua dos Poiais de São Bento 37

Este local de principios de la década de 1990 sigue ofreciendo el mismo ambiente de siempre a una clientela mayoritariamente sencilla. Es una combinación de bar y discoteca, y dispone de zonas tranquilas y pista de baile. Los DJ pinchan temas indie con toques techno, disco y postpunk.

8 Ministerium

🅟 G5 🅐 Terreiro do Paço, Ala Nascente 72-73

Esta elegante discoteca frente al mar, con una amplia pista de baile y bar, disfruta de uno de los mejores

Coloridas sombrillas sobre la Rua Nova do Carvalho (la Calle Rosa)

emplazamientos de la ciudad y de música de algunos de los mejores DJ nacionales e internacionales. La gente suele acudir después de medianoche para las actuaciones de DJ de techno y música electrónica; muchas de ellas se prolongan hasta el amanecer.

9 Park Rooftop
N5 **Calçada do Combro 58** **do**

Este elegante bar en la azotea de un aparcamiento de varias plantas, con magníficas vistas del atardecer, sabrosos cócteles y actuaciones de DJ, es muy popular entre los jóvenes lisboetas. Abre todo el año.

10 Rua Nova do Carvalho (la Calle Rosa)
K6

Antes era una de esas calles que había que evitar de noche, pero ahora se ha reinventado como la Calle Rosa gracias al llamativo color de la calle.
El resultado, una de las calles más *hippies* de la ciudad para pasar la noche. Todavía se pueden encontrar viejas discotecas como Jamaica, junto con bares de moda como el Povo, Collect Records y la discoteca y sala de conciertos Music Box.

TOP 10
LOCALES DE FADO

1. Parreirinha de Alfama
Beco do Espírito Santo 1
parreirinhadealfama.com **do**
Local tradicional fundado por la famosa cantante Argentina Santos.

2. Clube de Fado
Rua de São João da Praça 94
clubedefado.pt
Este local de Alfama reune a fadistas como Maria Ana Bobone.

3. Senhor Vinho
Rua do Meio à Lapa 18 **do**
srvinho.com
La calidad y el estilo caracterizan las actuaciones de este caro restaurante.

4. Maria da Mouraria
Largo da Severa 2 **lu y ma**
mariadamouraria.eatbu.com
Fado de gran calidad en la antigua casa de la fadista Maria Severa.

5. Tasca do Chico
Rua do Diário de Notícias 39
961 339 696
El lugar donde ver descarnado *fado vadio:* actuaciones improvisadas. No es necesario reservar ni comer.

6. Café Luso
Travessa da Queimada 10
cafeluso.pt
Ofrece fado de primera clase y buena comida en el Bairro Alto desde la década de 1920.

7. Sr Fado
Rua dos Remédios 168
sr-fado.com
Un local cálido y amable con algunos de los mejores fadistas de la ciudad.

8. A Severa
Rua das Gáveas 51 **mi**
asevera.com
Recibe su nombre de la famosa cantante de fado del siglo XIX.

9. Fado em Si
Rua de São João da Praça 18
fadoemsi.com
Sito en un antiguo palacio que ostenta las murallas originales de Lisboa.

10. O Faia
Rua da Barroca 54 **do**
ofaia.com
Uno de los locales más grandes del Bairro Alto, con buena música y comida cara.

DE COMPRAS EN LISBOA

1 Avenida da Liberdade
F3

La principal avenida de Lisboa, que va desde la Baixa hasta el Parque Eduardo VII, se ha convertido en la principal franja inmobiliaria del país. Está repleta de comercios de marcas de diseño, como Cartier, Gucci, Armani, Hugo Boss o Prada.

2 Chiado
L4

Era el barrio con las tiendas más elegantes de Lisboa, ahora transformado en la zona comercial más variada de la ciudad. Combina calles tranquilas con animadas plazas y vendedores de partituras con *boutiques* de moda.

3 Avenidas Guerra Junqueiro/Roma
G1

En las avenidas Guerra Junqueiro y Roma hay buenas tiendas de ropa y cafés. En el Museu Rafael Bordalo Pinheiro *(p. 98)* y el centro comercial que hay debajo hay varias *boutiques* y tiendas de exquisiteces.

4 Baixa
M4–M5

Su encanto reside en los amables tenderos, vendiendo tras mostradores de madera y haciendo cuentas en trozos de papel. Además, la peatonal Rua Augusta está repleta de modernas cadenas comerciales.

5 Campo de Ourique/Amoreiras
E3

Campo de Ourique está cambiando poco a poco, pero las calles aún esconden panaderías, cafés y pequeñas tiendas. Cerca, el Amoieras Shopping Centre, el primer centro comercial de Lisboa, tiene todos los favoritos de moda de calle.

6 Rua de São Bento/Príncipe Real
F4

Rua de São Bento es un distrito especializado en anticuarios y tiendas de segunda mano. Está muy cerca de la agradable Praça das Flores, donde se puede tomar un café, y a un paseo de Príncipe Real, con tiendas de antigüedades más caras.

7 Bairro Alto
K3–K4

Como en los centros comerciales, el Bairro Alto ofrece compras nocturnas, pero en un emplazamiento mucho más agradable y con la posibilidad de tomar también una copa. Algunas tiendas son

**Ropa elegante y colorida
en una tienda del Bairro Alto**

muy modernas y es que el Bairro Alto es el centro de la moda y el diseño portugueses.

8 Mercados de alimentación
☑ K6, E3, F2

Los mercados de Lisboa no resultan más económicos que los supermercados, pero los productos suelen ser más frescos y la compra más gratificante. Algunos de los mejores son el Mercado da Ribeira, frente a la estación de Cais do Sodré; el Mercado de Campo de Ourique, en el oeste, y el Mercado 31 de Janeiro, frente al hotel DoubleTree by Hilton Lisbon en Rua Engenheiro Vieira da Silva.

9 Poço dos Negros
A lo largo de la línea 28 de tranvía, esta es una de las zonas más creativas de la ciudad (p. 53). Hay tiendas de diseñadores locales, cafés de moda, restaurantes tradicionales portugueses y teterías en las que se venden populares mezclas locales.

10 Feira da Ladra
☑ Q2 ⬜ Campo de Santa Clara
⏰ 9.00–18.00 ma y sá

En el Mercado de los Ladrones de Lisboa se pueden encontrar objetos curiosos, como bonitos grifos de bronce que no servirán en ninguna red de tuberías. Lo más divertido es mirar, escuchar y regatear.

**Tiendas de moda a lo largo
de Rua Augusta, en la Baixa**

TOP 10
COMPRAS

1. Cerámica
La cerámica portuguesa ofrece desde azulejos hasta vasijas, rústicas o cursis.

2. Bordados
Los bordados son delicados, pero duraderos.

3. Artículos de corcho
Portugal es el mayor exportador mundial de corcho. Los artesanos locales usan este material sostenible para realizar objetos variados, como carteras, paraguas y zapatos.

4. Zapatos
Los pocos zapatos que se fabrican actualmente en Portugal suelen tener muy buena calidad.

5. Té
La Companhia Portuguesa do Chá ofrece mezclas locales exclusivas.

6. Tratamientos de belleza
Claus Porto vende jabones de deliciosos aromas envueltos en preciosos papeles *vintage*.

7. Queso
Hay quesos de oveja de Serra da Estrela, deliciosos Serpa y Azeitão, Castelo Branco con pimienta y excelentes variedades de cabra tiernas o curadas.

8. Jamones y carnes ahumadas
El mejor *presunto* (jamón curado) se elabora en el norte, pero el jamón de cerdo ibérico del Alentejo es sin duda mejor.

9. Conservas
Sardinas, aceitunas, aceite de oliva, *massa de pimentão* (pasta de pimiento rojo) o salsas con guindilla, todo es delicioso y fácil de encontrar.

10. Vino
Por 5 € se puede adquirir un vino realmente bueno y por 20 € uno inolvidable.

Tienda de vinos

LISBOA GRATIS

El popular mercadillo Feira da Ladra repleto de puestos

1 Feira da Ladra

El disperso mercadillo de Lisboa (*p. 59*) es tan bueno para observar a la gente como para encontrar gangas entre infinidad de ropa, antigüedades y artesanía. Se recomienda llegar pronto para conseguir los mejores artículos.

2 Museu do Dinheiro

🚇 M5 📍 Largo de S. Julião
🕐 10.00–18.00 mi–do
🌐 museudodinheiro.pt

El Museo del Dinero retrata la evolución de las diversas monedas de Portugal a lo largo de los siglos. Uno de los platos fuertes es el fragmento de la muralla del Rey Dinis original en la cripta de una antigua iglesia.

3 Paseo junto al río

📍 D6–A6

La orilla del río desde Doca de Santo Amaro hasta la Torre de Belém es un magnífico paseo junto al Ponte 25 de Abril y los monumentos de Belém.

4 Jardim Gulbenkian

Los jardines modernistas del Calouste Gulbenkian (*p. 38*) ofrecen un respiro al bullicio de la ciudad, con patos chapoteando junto al estanque y tortugas escondiéndose en los riachuelos. Es el lugar favorito de los lisboetas, que acuden a leer, comer en familia o ver la última exposición de los museos cercanos.

5 Núcleo Arqueológico da Rua dos Correeiros

Para conocer lo que se esconde bajo el banco Millennium BCP en el barrio de la Baixa (*p. 73*), hay que reservar una visita guiada gratuita. En las obras de construcción del banco en la década de 1990 se descubrieron restos antiguos y las excavaciones han sacado a la luz depósitos romanos para la conservación de pescado, cerámica musulmana y sepulturas cristianas.

6 Iglesia del Mosteiro dos Jerónimos

La iglesia de Santa Maria de Belém, construida para conmemorar el viaje de Vasco da Gama a India hace más de 500 años, es el ejemplo más notable de arquitectura manuelina en Portugal y parte integral del Mosteiro dos Jerónimos (*p. 24*). Esbeltos pilares se elevan como palmeras hacia la bóveda de la iglesia.

7 Fiestas de Santo António

H4 Alfama

Los días 12 y 13 de junio Lisboa celebra el día de su patrón. Hay desfiles diurnos y casi todos los barrios celebran fiestas nocturnas con puestos de comida y baile. El barrio de Alfama es el mejor lugar al que dirigirse para sumarse a las celebraciones.

8 Jardim da Estrela

E4 Praça da Estrela

A la sombra de la basílica, el bien mantenido Jardim da Estrela, al oeste de la ciudad, es muy frecuentado por los lisboetas. Hay un pequeño lago y un quiosco de música entre cuidados parterres, estatuas y agradables pasarelas. Los visitantes también pueden relajarse en el café al aire libre, que ofrece variados tentempiés.

9 Rua Augusta

La ancha y peatonalizada arteria principal *(p. 73)* que atraviesa el barrio de la Baixa suele brindar infinidad de entretenimiento gratuito, desde estatuas vivientes hasta mimos. Al final de la calle hay un arco del triunfo.

10 Costa de Cascais

Lisboa está cerca de algunos tramos de playa fantásticos. El paseo marítimo entre Estoril y Cascais permite ir recorriendo varias playas de arena fina *(p. 101)*.

La ciudad costera de Estoril, cercana a Cascais

TOP 10
IDEAS PARA AHORRAR

1. El centro de Lisboa se recorre a pie. Se debe llevar calzado cómodo para transitar por las numerosas cuestas.

2. Los lisboetas disfrutan de una cena más barata haciendo un pícnic en los *miradouros* al atardecer. Los supermercados de Lisboa venden vino y variedad de alimentos.

3. El Bilhete Diário, un abono de un día (11 €), permite acceso ilimitado a autobuses, tren, metro y tranvía. También existe un abono de 24 horas de autobús, tranvía, metro y ferri (10 €).

4. La Lisboa Card (27 € para un día, 44 € para dos días, 54 € para tres días), que se puede conseguir en las oficinas de turismo, permite viajar gratis en transporte público y entrar en 51 lugares importantes de toda la ciudad.

5. Hay que tomar el ferri de pasajeros desde Cais do Sodré hasta Cacilhas para cruzar el Tajo; es un trayecto más corto que el del barco turístico, pero las vistas son igual de buenas.

6. Para informarse de la celebración de festivales, conciertos o actos gratuitos se puede consultar la página web de eventos de la ciudad *(www.agendalx.pt)*.

7. Existen menús a buen precio en cafés y restaurantes, especialmente a la hora de la comida.

8. Al sentarse en un restaurante es normal que se ofrezca un surtido de entrantes, pero se paga por todo lo que se come. Mejor declinar cortésmente aquello que no se quiera.

9. En el MAAT *(p. 44)* se puede subir gratis a la azotea ondulada del museo y disfrutar de las vistas panorámicas del río.

10. En la orilla del río en Belém y en Cascais se pueden alquilar bicicletas a bajo precio; la bicicleta es el mejor modo de explorar estas zonas relativamente llanas.

EXCURSIONES

Encantador castillo en la región vinatera de Palmela

1 Palmela y Azeitão

El principal monumento de Palmela es el castillo sobre la colina, ahora ocupado por una elegante *pousada,* abierta para los visitantes. Vila Fresca de Azeitão y Vila Nogueira de Azeitão son dos poblaciones vecinas en el corazón de la tierra de vinos de Palmela.

2 Serra da Arrábida

Este macizo de piedra caliza, situado a unos 40 minutos en coche al sur de Lisboa, confiere a Portugal un impresionante toque mediterráneo: serenidad, aguas azul verdosas y acantilados espectaculares. De camino a Portinho da Arrábida merece la pena detenerse a menudo para admirar las vistas.

3 Alcácer do Sal

La antigua ciudad de Alcácer do Sal (*al-qasr,* castillo en árabe, y sal, por el comercio de la misma) se asienta serena en la orilla septentrional del río Sado. Se puede disfrutar de las vistas del castillo del siglo VI (hoy *pousada*) y descansar en los agradables cafés que hay a la orilla del río.

4 Colinas de Sintra

La romántica belleza de Sintra (*p. 40*) y sus palacios, los muros cubiertos de musgo, las vistas, las carreteras serpenteantes bajo techos de hojas… Todo convierte a esta ciudad y sus colinas en un lugar mágico.

5 Óbidos

Óbidos podría ser una de las ciudades más pintorescas de Portugal. Casas encaladas con ribetes en ocre y azul, cortinas de encaje en las ventanas y geranios se extienden dentro de las murallas de un gran castillo del siglo XIV. La ciudad fue el regalo de boda de Dom Dinis a la reina, Isabel de Aragón, en 1282.

6 Estuario del Tajo

Desde Lisboa se puede acceder fácilmente al estuario del Tajo a través de la ciudad de Alcochete, al otro lado del puente Vasco da Gama. Una vez allí se puede llegar a las marismas de Lezíria en coche o a pie. Esta zona es una de las escalas más importantes de Europa de las rutas migratorias de aves acuáticas como flamencos, agujas colinegras y avocetas.

7 Setúbal y Tróia

La ciudad portuaria de Setúbal no resulta especialmente atractiva, pero alberga la Igreja de Jesus, el ejemplo más temprano y tal vez más puro del estilo manuelino. Los ferris trasladan a los viajeros y sus vehículos a través de la desembocadura del río Sado hasta la península de Tróia, con excelentes playas y cuyo estuario es refugio de aves.

Flamencos emprendiendo el vuelo en la península de Tróia

**Impresionante interior
de la biblioteca de Mafra**

8 Mafra

Mafra aparece dominada por un extravagante palacio y un monasterio levantados por Dom João V, monarca portugués del siglo XVIII aficionado a todo tipo de excesos. La construcción de este desmesurado edificio se relata en la novela de José Saramago *Memorial del convento*. Parte de los terrenos de caza albergan hoy un proyecto de conservación del lobo.

9 Tomar

El Convento do Cristo, de estilo manuelino con fachada plateresca y motivos marineros, es el reclamo principal de esta ciudad templaria del centro de Portugal. Fue fundado en 1160 por el cruzado Gualdim Pais.

10 Ruta vinícola de Ribatejo

Algunos de los mejores productores de vino de la región de Ribatejo se encuentran en la orilla izquierda del Tajo, especialmente entre las ciudades de Almeirim y Alpiarça; la mayoría ofrece visitas. Destacan Quinta do Casal Branco, Quinta da Alorna, Quinta da Lagoalva de Cima y Fiuza & Bright.

TOP 10
MEJORES VISTAS

1. Monserrate
De aire romántico, con sus fuentes y manantiales, este palacio y los jardines siguen siendo populares *(p. 102)*.

2. Castelo dos Mouros
Las elevadas murallas de este imponente castillo del siglo VIII *(p. 41)* ofrecen magníficas vistas.

3. Penedo
Este pueblo situado junto a la carretera de Sintra a la costa resulta brumoso y romántico en invierno y fresco en verano.

4. Peninha
Es un pequeño santuario *(p. 104)* que ofrece vistas desde el punto más occidental de Europa y una serie de edificios con una historia intrigante.

5. Praia da Ursa
Vale la pena pasear por esta playa aislada *(p. 51)* para disfrutar de la belleza del lugar y una suave brisa.

6. Costa de Guincho
Los coches suelen avanzar más despacio –cosa rara en Portugal– por esta hermosa carretera costera *(p. 101)* que lleva a los pies de las colinas de Sintra. Aquí se encuentra la maravillosa playa de Guincho, ideal para practicar windsurf y boardsurf.

7. Portinho da Arrábida
Es una de las playas más protegidas del litoral occidental, y recuerda a las de Croacia y Turquía.

8. Sesimbra
Esta bonita ciudad *(p. 50)* tiene gran cantidad de marisquerías y playas vírgenes y familiares. La pintoresca costa es ideal para recorrer en kayak o barco.

9. Cabo Espichel
El punto más sudoeste del acantilado de la península de Setúbal resulta en algunos aspectos más atractivo que el más famoso Cabo da Roca *(p. 102)*.

10. Bucelas y alrededores
Aquí es posible disfrutar del paisaje de Estremadura y de algunos soberbios vinos blancos.

RECORRIDOS

Alfama, Castelo y el este   66

De Baixa a Restauradores   72

Chiado y Bairro Alto   80

Belém y el oeste   88

Avenida y norte de Lisboa   94

La costa de Lisboa   100

El barrio de Alfama

ALFAMA, CASTELO Y EL ESTE

El nombre de origen árabe recuerda el pasado de Alfama como uno de los barrios destacados de la Lisboa musulmana. A pesar de que no se conserva ningún edificio de este periodo, Alfama mantiene intacto el trazado medieval, ya que el terremoto de 1755 no causó demasiados daños; además, no hay tráfico rodado. El barrio de Castelo, en lo alto de la colina, limita con el distrito de Graça. Hacia el sur y el este, Alfama se extiende hasta el río.

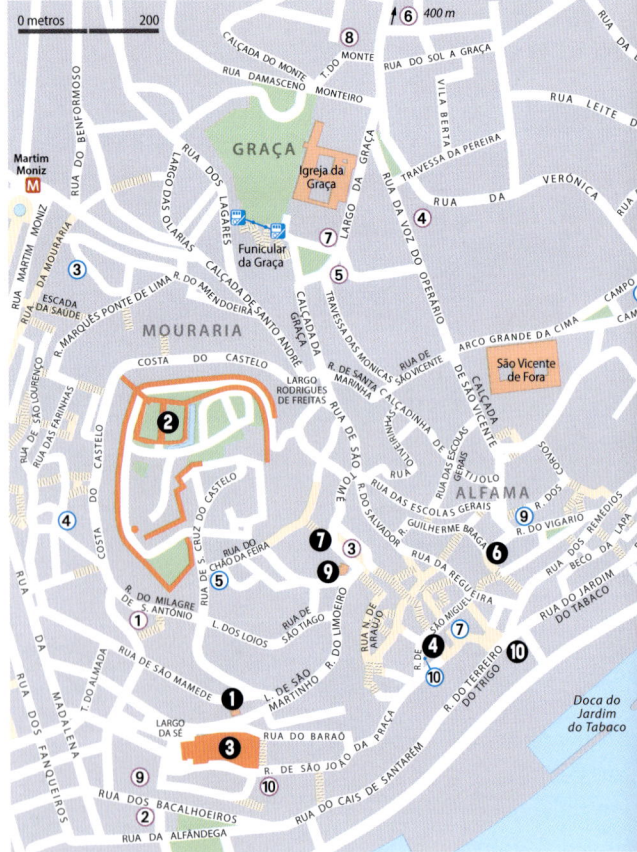

Para alojamientos en la zona, ver p. 114

1 Museu do Teatro Romano

⬚N4 ⬚Rua São Mamede 3
⬚10.00-18.00 ma-do ⬚museu
delisboa.pt/en/about/venues/
roman-theatre ⬚

Bajo los edificios que rodean la Sé de Lisboa se encuentra un anfiteatro romano del siglo I a. C. Aunque las excavaciones continúan, da la impresión de haber sido un recinto considerable, con capacidad para unas 5.000 personas, y se pueden contemplar los trabajos arqueológicos, tanto aquí como en otros yacimientos del centro de Lisboa.

Paseando por el adarve del Castelo de São Jorge

2 Castelo de São Jorge

El castillo que corona Alfama era el corazón de la ciudad musulmana, un asentamiento cuya historia se remonta por lo menos hasta los fenicios *(p. 22)*. La bella zona residencial que se extiende dentro de la muralla exterior también se conoce como Castelo.

3 Sé de Lisboa

El cruzado inglés Gilbert de Hastings, primer obispo de Lisboa, supervisó la construcción de la catedral de la ciudad a mediados del siglo XII. El lugar estuvo anteriormente ocupado por una mezquita, cuyos restos se han excavado *(p. 26)*.

4 Largo de São Miguel

⬚P4

Esta céntrica plaza de Alfama se comunica con un tramo de escalera en Largo das Portas do Sol; solo hay que bajar paralelo a la iglesia de Santa Luzia y tomar el primer desvío a la izquierda. Esta ruta reúne la esencia de Alfama: estrechos callejones que los ancianos utilizan como jardín, parrillas con sardinas humeantes en verano, patios, arcos y serpenteantes escaleras. La ausencia de coches permite a los niños jugar por todas partes. Cada 12 de junio, esta plaza se convierte en escenario de una gran fiesta en honor a san Antonio, patrón de Lisboa.

❶ Imprescindible
p. 67

① Dónde comer
p. 71

① Bares y cafés
p. 70

5 Igreja de Santa Engrácia/ Panteão Nacional

📍 R3 🏛 Campo de Santa Clara
🕐 10.00-18.00 ma-do (oct-mar: hasta 17.00) 🌐 panteaonacional.gov.pt ♿

La impresionante cúpula de Santa Engrácia destaca sobre el perfil oriental de la ciudad. Esta cúpula se añadió en 1966, 284 años después de que comenzara la construcción de la iglesia, un hecho que condujo a definir cualquier empresa interminable como "las obras de Santa Engrácia". El interior alberga el Panteón Nacional.

6 Santo Estêvão

📍 Q4

La pequeña explanada que se abre frente a la iglesia de Santo Estêvão es uno de los mejores miradores de la zona. Se accede por una empinada calle desde Largo do Chafariz do Dentro, a los pies de Alfama, donde se encuentra una de las fuentes públicas más antiguas de la ciudad y el Museu do Fado. Hay que subir por la Rua dos Remédios y los escalones de las Escadas de Santo Estêvão, a la izquierda.

7 Largo das Portas do Sol

📍 P4

Cuando el tranvía 28 llega a lo alto de la colina tras pasar junto a la Sé de Lisboa, se cuela entre dos edificios que formaban parte de la muralla árabe.

Desde este lugar se consigue una de las vistas más hermosas de Alfama y el río. Lo mejor es regresar por la iglesia de Santa Luzia, uno de los miradores oficiales de la ciudad para visitar el Miradouro de Santa Luzia *(p. 48)*. Del otro lado de la calle parten dos de las rutas de acceso al castillo. Hay varios cafés con terraza en los alrededores.

8 Museu Nacional do Azulejo

Más allá de Alfama, en el distrito oriental de Xabregas, se encuentra el Museu Nacional del Azulejo *(p. 34)*, ubicado en un impresionante convento del siglo XVI con una iglesia de elaborada ornamentación. Destacan el pequeño

SAN ANTONIO DE LAS SARDINAS

La celebración del día de san Antonio (12 de junio) se ha unido a la fiesta de otros santos (São João y São Pedro) para crear las *Festas dos Santos Populares*, que duran dos semanas. De hecho, la ciudad ha declarado todo el mes como *Festas da Cidade*. Pero la verdadera celebración es la del 12 de junio en Largo de São Miguel, cuando se encienden barbacoas y el vino y la cerveza corren libremente.

Escalera decorada con azulejos en el Museu Nacional do Azulejo

UN PASEO POR ALFAMA

Mañana

Alfama es el tipo de lugar en el que merece la pena pasear para disfrutar de la vieja Lisboa. Algunos indicadores te servirán de ayuda. La calle que parte del flanco derecho de la Sé de Lisboa, llamada primero **Cruzes da Sé** y luego **Rua de São João da Praça,** es un buen punto de partida. En esta calle existen varios cafés y bares que puedes visitar, como **Crafty Corner** (p. 70). Continúa por la misma calle hasta alcanzar la **Rua de São Pedro,** que desciende hasta **Largo do Chafariz de Dentro,** donde hay una gran variedad de restaurantes para almorzar.

Tarde

Para continuar la visita sube de nuevo por la Rua de São Pedro y en lo alto haz un giro de casi 180 grados hacia la **Igreja de São Miguel.** Sigue la calle, girando a izquierda y derecha hasta **Santo Estêvão.** Puedes hacer una parada para tomar algo en el restaurante y bar **Pateo 13.** Tras un breve recorrido cuesta arriba por la Rua dos Remédios y la Rua do Paraíso diríigete a **Campo de Santa Clara,** donde los martes y sábados se instala la **Feira da Ladra** (p. 59). También puedes pasear hasta el Miradouro da Graça, cercano a la **Esplanada da Igreja da Graça** (p. 49), y disfrutar de las vistas del castillo (p. 22), el centro de Lisboa y el Ponte 25 de Abril.

claustro manuelino, el panel de 23 m con azulejos pintados que representa la Lisboa de 1740 y la extensa colección de azulejos árabes y portugueses. El café-restaurante resulta bastante agradable para hacer un pequeño descanso.

9 Fundação Ricardo do Espírito Santo Silva

P4 **Largo das Portas do Sol 2** **10.00–17.00 mi–lu** **fress.pt**

Esta fundación, creada en el año 1953, lleva el nombre del banquero que legó un palacio del siglo XVII en Alfama y sus colecciones de artes decorativas. El museo ofrece una amplia muestra de muebles distribuidos en salas de época. El edificio contiguo alberga talleres de artesanías tradicionales. La fundación cuenta además con dos escuelas de arte y artesanía en otras ciudades.

10 Museu do Fado

Q4 **Largo do Chafariz do Dentro 1** **10.00–18.00 ma–do** **museudofado.pt**

Este museo, también denominado Casa do Fado e da Guitarra Portuguesa, está dedicado al género musical más conocido de Lisboa y a la guitarra típica del país. El museo es muy reciente, pero la recreación de una casa de fado con cantantes, músicos, camareros y clientes le da un toque antiguo.

Tejados del barrio de Alfama vistos desde Largo das Portas do Sol

Comedor al aire libre de Chapitô a Mesa

Bares y cafés

1. Chapitô a Mesa
N4 Costa do Castelo 7
chapitoamesa.com
Bar musical y café con decoración de inspiración circense. Ofrece magníficas vistas de la ciudad y el Tajo.

2. Basílio
N5 Rua dos Bacalhoeiros
ilovenicolau.com
Sirve tortitas, huevos y cuencos de cereales, además de café y *smoothies*.

3. SOL Restaurante & Jardim
P4 Largo das Portas do Sol
Un café, bar y restaurante con estilo justo al lado del mirador Portas do Sol.

4. Damas
P2 Rua da Voz do Operário 60
lu viralagenda.com
Situado en una antigua tahona, este tentador establecimiento es un bar, restaurante y sala de conciertos, todo en uno.

5. Botequim
P2 Largo da Graça 79
Café por el día que se transforma en un local de música y poesía por la noche. Tapas y cócteles en un ambiente bohemio.

6. Bom Bom Bom
H3 Rue Angelina Vidal 5 lu
Vinos naturales y raciones acompañados de sesiones de DJ en este relajado bar-restaurante, que además alberga una tienda de discos.

7. Esplanada da Igreja da Graça
P2 Largo da Graça
Las mesas en la maravillosa explanada junto a la imponente iglesia de Graça (*p. 46*) ofrecen magníficas vistas de Lisboa. Son especialmente bellas a última hora de la tarde en días soleados.

8. Vino Vero
H3 Travessa do Monte 30
vinovero.wine
Este bar con una gran selección de vinos italianos llegó al barrio de Graça en 2019. Se centra en una extensa variedad de vinos naturales, perfectos para sus deliciosos embutidos y tablas de quesos.

9. Outro Lado
N5 Beco do Arco Escuro 1
lu y ma outrolado.beer
Refrescante oasis junto a la catedral de Lisboa, ofrece variedad de cervezas, con 15 cervezas artesanas de barril.

10. Crafty Corner
P5 Rua de São João da Praça 93-95
craftycornerlisboa.com
Bar de estilo rústico con techos abovedados y paredes de piedra, además de grandes mesas y barriles convertidos en asientos. Ofrece 12 cervezas de grifo que cambian semanalmente y aperitivos como alitas de pollo.

Dónde comer

1. Taberna Sal Grosso
📍R3 🏠Calçada do Forte 22
🌐reservation.umai.io · €€
Cercana al Panteón Nacional, sirve un delicioso pescado fresco.

2. Casanova
📍R3 🏠Avenida Infante Dom Henrique/Cais da Pedra, Armazém B, Loja 7 🌐pizzeriacasanova.pt · €€
Las mejores pizzas de Lisboa se sirven en este animado restaurante con terraza en el muelle. Conviene llegar pronto.

3. Zé da Mouraria
📍G4 🏠Rua João do Outeiro 24
📞21 886 5436 · €€
Famoso por las enormes porciones de bacalao con garbanzos y patatas, Zé da Mouraria sirve generosos platos de cocina portuguesa a buen precio.

4. O Velho Eurico
📍G4 🏠Largo São Cristóvão 3
🕐lu · €€
Este restaurante sirve platos tradicionales portugueses. Se pueden pedir varios platos para compartir, pero el arroz de pato es un imprescindible. Reservas por correo electrónico (*reservas.ovelhoeurico@gmail.com*).

5. Arco do Castelo
📍N4 🏠Rua do Chão da Feira 25
📞218 876 598 🕐do · €€
Los restaurantes genuinos de Goa, como este, son ahora una rareza. Hay que probar sus especialidades.

Actuación de *fado vadio* (fado aficionado) en A Baiuca

PRECIOS
Una comida de tres platos con media botella de vino (o equivalente), servicio e impuestos incluidos.

€ menos de 20 € €€ 20-40 € €€€ más de 40 €

6. Faz Figura
📍R3 🏠Rua do Paraíso 15B 🕐Mediodía ma-vi 🌐fazfigura.com · €€€
Deliciosa comida acompañada de maravillosas vistas del Tajo desde la gran terraza.

7. Lautasco
📍Q4 🏠Beco do Azinhal 7A (frente a Rua de São Pedro)
📞218 860 173 🕐do · €€
En este restaurante informal, decorado en estilo rústico, la especialidad es la comida portuguesa tradicional.

8. Santa Clara dos Cogumelos
📍Q2 🏠Campo de Santa Clara 7
🕐Los horarios varían, consultar la página web 🌐santaclarados cogumelos.com · €€
Dentro del mercado de Santa Clara y con vistas al río, este restaurante está especializado en platos con setas (algunos con carne y otros no).

9. Do Vigário
📍H4 🏠Rua do Vigário 74
📞916 294 676 🕐Mediodía, do y lu · €
Cajas con discos comparten espacio con las mesas en este acogedor restaurante. La carta incluye una deliciosa selección de tapas portuguesas.

10. A Baiuca
📍H4 🏠Rua de São Miguel 20
📞939 457 098 🕐Mediodía · €€
Este pequeño restaurante sirve delicioso *bacalhau assado*. Cantantes aficionados de fado se suman al ambiente tradicional.

DE BAIXA A RESTAURADORES

Desde comienzos del siglo XVI hasta mediados del XVIII el Palacio Real de Lisboa se ubicaba en la orilla del río, en la actual Praça do Comércio. Era la gran entrada a Lisboa, una de las ciudades más importantes del mundo. El terremoto de 1755 destruyó el Paço Real y gran parte de las construcciones medievales que se alzaban tras él. La Baixa actual se levantó sobre las ruinas de la parte baja de Lisboa. Hoy el corazón de la ciudad es el lugar perfecto para pasear, hacer una pausa o comer algo.

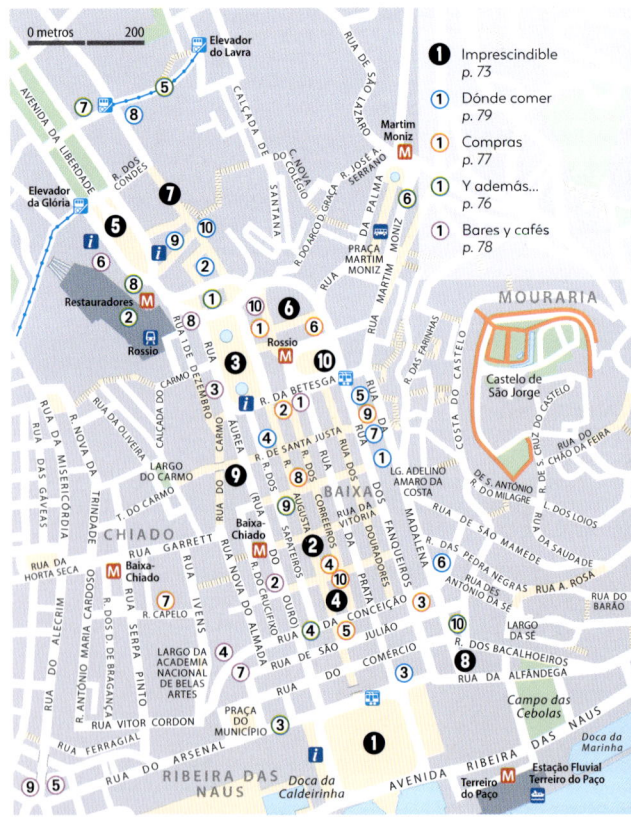

1 Imprescindible
p. 73

1 Dónde comer
p. 79

1 Compras
p. 77

1 Y además...
p. 76

1 Bares y cafés
p. 78

Para alojamientos en la zona, ver p. 114

1 Praça do Comércio

M5

Esta amplia plaza junto al río, también conocida como Terreiro do Paço, ha ganado categoría desde que se prohibió aparcar en ella. Tres de los flancos están rodeados por las elegantes arquerías de la reconstrucción de Pombal, y el cuarto da al río. En la plaza se encuentra la estatua ecuestre en bronce de Dom José I, el ineficaz rey de Portugal que sobrevivió al terremoto de 1755. En el siglo XV la plaza se usó para la venta de esclavos; para los que se desenvuelven en inglés, African Lisbon Tour *(africanlisbontour. com)* organiza visitas que muestran la historia de la esclavitud en la ciudad.

2 Rua Augusta

M4–M5

La calle peatonal más larga y elegante de Lisboa atraviesa la Baixa desde una esquina de Rossio y termina en el Arco de Triunfo de la Praça do Comércio. Este arco, que celebra la recuperación de la ciudad tras el terremoto de 1755, se añadió en 1873. El conjunto aparece rematado por una alegoría de la gloria y dos figuras con coronas que representan el genio y la valentía; debajo, representaciones de héroes nacionales como el marqués de Pombal. En el flanco que mira hacia la Rua Augusta hay un gran reloj, muy consultado por quienes abarrotan la calle para ir de compras.

3 Rossio

L3–M3 **Praça Dom Pedro IV**

Rossio, cuyo nombre oficial es Praça Dom Pedro IV, ha sido la plaza más importante de Lisboa desde la época romana. Rodeada de algunos de los edificios más grandiosos de la ciudad, tras el terremoto de 1755 quedó eclipsada por la reconstrucción de la Praça do Comércio, aunque sigue siendo el centro social de la ciudad, repleto de restaurantes.

4 Núcleo Arqueológico da Rua dos Correeiros

M5 **Rua dos Correeiros 21** **Solo visitas guiadas; consultar web** **do** **fundacaomillenniumbcp.pt**

Cuando a comienzos de la década de 1990 un banco portugués empezó a remodelar su sede, salieron a la luz restos de la Lisboa romana. Una visita guiada lleva bajo las calles de la ciudad por lo que parecen los restos de una fábrica de *garum,* una salsa de pescado fermentado. Los fragmentos de mosaicos hallados en otra sección sugieren usos diferentes o posteriores.

Boutiques y cafés en la peatonal Rua Augusta

LA MASACRE DE LISBOA

Tras el decreto español de 1492 de expulsión de los judíos, muchas familias judías emigraron a Lisboa. Aunque bien recibidos al principio, fueron obligados a convertirse al cristianismo en 1497. A estos conversos se les llamó *cristãos-novos* (cristianos nuevos). Muchos de ellos fueron perseguidos y asesinados. El 19 de abril de 1506 los frailes dominicos instaron a los lisboetas a exterminar a todos los *cristãos-novos*, provocando la muerte de cerca de 4.000 judíos. Un monumento en memoria de las víctimas de la masacre se encuentra en la plaza frente a la Iglesia de São Domingos.

5 Praça dos Restauradores
🚇 L2

Esta plaza y la estatua que hay en ella conmemoran la restauración de la monarquía portuguesa en 1640. Se construyeron en la década de 1870, cuando el antiguo Passeio Público fue convertido en la Avenida da Liberdade. El obelisco, sobre el que aparecen labradas fechas del proceso de restauración, está flanqueado por representaciones de la Independencia y la Victoria. La plaza circundante se encuentra dominada por el tráfico y en los extremos inferiores hay tiendas, cafés, quioscos y restaurantes.

6 Igreja de São Domingos
🚇 M3 📍 Largo de São Domingos
🕐 7.30–19.00 diario

La iglesia de São Domingos, oscura y cavernosa, no recibe muchas visitas de turistas. Por ello, resulta un lugar adecuado para reflexionar.

7 Rua das Portas de Santo Antão
🚇 L2

Esta calle larga y en parte peatonal ofrece comida para todos los gustos. El legendario restaurante Gambrinus se encuentra cerca del diminuto bar A Ginjinha. También hay varias marisquerías con terrazas, más la agradable Casa do Alentejo y el simpático Bonjardim, famoso por su pollo *piri-piri (p. 79)*.

8 Igreja da Conceição Velha
🚇 N5 📍 Rua da Alfândega
🕐 10.00–13.00 y 15.00–20.00 diario (hasta 18.00 sá)

Aquí se alzaba la grandiosa Igreja da Misericórdia del siglo XVI, de la que solo sobrevivieron al terremoto de 1755 el pórtico manuelino y una de las capillas. La nueva iglesia, más modesta que la anterior, abrió sus puertas en 1770 y fue entregada a la congregación de la Conceição Velha, antes congregación de otra iglesia de la Baixa que había sufrido daños irreparables. La mayoría de los visitantes acude para contemplar el ornamentado pórtico, decorado con una imagen labrada de Nuestra Señora de la Misericordia y dos ángeles que sujetan el manto para proteger a una serie de personajes históricos, de rodillas, como Dom Manuel y el papa León X.

Estatua que simboliza la Victoria, en la Praça dos Restauradores

El espectacular Elevador de Santa Justa

9 Elevador de Santa Justa

📍 M4 🚪 Rua de Santa Justa
🕐 7.30-23.00 diario (invierno: hasta 21.50) ♿

Se suele decir que este ascensor de hierro fue diseñado por Gustave Eiffel (creador de la famosa torre de París), pero en realidad es obra de Raoul Mesnier de Ponsard, su discípulo. En el pasado hubo tres ascensores en la ciudad; hoy este ascensor neogótico (ver laterales de la torre) transporta desde la Baixa hasta las ruinas de Carmo (p. 83). Es posible tomar fotografías y visitar la terraza superior.

10 Praça da Figueira

📍 M3

Tras el terremoto de 1755 se instaló un mercado al aire libre en la actual Praça da Figueira. Fue el principal mercado de verduras de la ciudad y se techó con pabellones y cúpulas de hierro. Junto a la contigua Rossio, es el centro de Lisboa y escenario de la animada fiesta de Santo António a mediados de junio. En periodos de fiestas, como Navidades, la plaza alberga el Mercado da Baixa, con productos de alimentación que van de pan recién hecho a quesos.

UN PASEO POR BAIXA

Mañana

Comienza el paseo en los jardines ribereños situados al oeste de la **Praça do Comércio** (p. 73), donde aún se puede ver la escalera del antiguo palacio. Es buena idea cruzar la plaza y admirar las vistas desde lo alto de la **Rua Augusta** (p. 73). Luego desvíate a la derecha en la Rua da Alfândega para contemplar el pórtico manuelino de la **Igreja da Conceição Velha** (p. 74). A continuación sube por la Rua da Madalena para entrar en la **Conserveira de Lisboa** (p. 76), en la calle Bacalhoeiros, y adquirir sardinas en lata. Si giras a la izquierda en Largo da Madalena y desciendes dos manzanas hasta la estrecha **Rua dos Douradoures**, encuentras infinidad de alternativas para almorzar.

Tarde

Recorre el entramado de calles de la Baixa hasta subir por la peatonal **Rua Augusta**. Busca la Rua de Santa Justa y una vista desde el Elevador de Santa Justa. La siguiente escala es el extremo izquierdo superior de la **Praça da Figueira**, en la **Confeitaira Nacional** (p. 78). A continuación sube por la **Rua Dom Antão de Almada**, flanqueada por tiendas de alimentos secos. A la derecha se alza una de las iglesias más antiguas de Lisboa, la **Igreja de São Domingos** (p. 73). Para llegar a la **Rua das Portas de Santo Antão** debes continuar un poco hacia la izquierda y luego recto. El bar **A Ginjinha** (p. 78) es perfecto para tomar un licor de guindas.

Y además...

1. Teatro Nacional Dona Maria II
L3 **Praça Dom Pedro IV** **tndm.pt**
El edificio neoclásico que alberga el teatro nacional de Portugal se levantó alrededor de 1840, al mismo tiempo que se pavimentaba Rossio con el característico empedrado en blanco y negro.

2. Estación de Rossio
L3 **Entre las plazas de Rossio y Restauradores**
La antigua estación central, construida en 1892 en estilo manuelino, sirve ahora a Sintra (*p. 40*). La estatua que ocupa la entrada principal es Dom Sebastião, el joven rey desaparecido en combate en 1578.

3. Tiendas de Rua do Arsenal
L5
Las tiendas que venden pescado salado (desde *bacalhau* hasta pulpo), alimentos secos, vino y productos frescos recuerdan a la vieja Lisboa.

4. Mercerías de Rua da Conceição
M5 **Entre Rua Augusta y Rua da Prata**
Los pequeños comercios de la Baixa quizá sufran la competencia de los centros comerciales, pero en las mercerías todavía se puede adquirir desde un botón hasta una pieza de tela.

5. Elevador do Lavra
L1 **Largo da Anunciada/Calçada do Lavra**
El funicular más antiguo de Lisboa, inaugurado en 1884, comunica Restauradores con Campo de Santana y lleva hasta el mirador de Torel (*p. 49*).

6. Centro Comercial Mouraria
N2 **Praça Martim Moniz**
218 880 904 **9.00–20.00 lu-sá**
Un edificio de seis plantas de pequeños comercios a precios razonables, en su mayoría de comida internacional, ropa y accesorios.

7. Antiga Ervanária d'Anunciada
L2 **Largo da Anunciada 13-15** **antigaervanaria.pt**
Este herbolario afirma ser el más antiguo de Portugal y vende hierbas para infusiones y preparados vitamínicos.

8. Monumento ao Calceteiro
L3 **Praça dos Restauradores**
Esta estatua rinde homenaje a los *calceteiros* que colocaban los famosos adoquines blancos y negros característicos de las aceras de Lisboa. Representa a dos *calceteiros* en bronce, uno disponiendo las piedras y otro con un enorme mazo.

9. Arte Rústica
M4 **Rua Augusta 193** **arterustica.pt**
Esta tienda dispone de artesanía regional como cerámica pintada a mano y bonitos bordados.

10. Conserveira de Lisboa
N5 **Rua dos Bacalhoeiros 34** **conserveiradelisboa.pt**
Sardinas y otras conservas de pescado en latas retro en este mayorista abierto desde la década de 1930.

La fachada neoclásica del Teatro Nacional Dona Maria II, en Rossio

Compras

1. Chapelaria Azevedo Rua
⚲ M3 ⌂ Praça Dom Pedro IV 72
ⓦ azevedorua.pt
El famoso sombrerero de la esquina nordeste de Rossio ha logrado mantenerse 120 años.

2. Manuel Tavares
⚲ M3 ⌂ Rua da Betesga 1
ⓦ manueltavares.com
Esta charcutería entre Rossio y Praça da Figueira, fundada en 1860, es el lugar perfecto para comprar vino, quesos, conservas de pescado y aceitunas portuguesas.

3. Garrafeira Napoleão
⚲ N5 ⌂ Rua dos Fanqueiros 70
ⓦ napoleao.eu
Es la sucursal de una cadena de vinotecas que ofrece un servicio amable y personalizado, y una amplia selección de vinos de mesa y fortificados, así como licores.

4. Silva & Feijóo
⚲ M4 ⌂ Rua de São Nicolau 52
☎ 215 831 977
Esta pequeña y agradable tienda perteneciente a una cadena vende artesanía portuguesa, además de conservas de pescado y vinos.

5. Retrosaria Bijou
⚲ M5 ⌂ Rua da Conceição 91
☎ 213 425 049
Se trata de una mercería, abierta desde 1920, que vende una amplia selección de objetos: botones, cintas, pasamanería, tejidos y otras mercancías, como lanas, hilos, agujas y dedales.

6. Hospital de Bonecas
⚲ M3 ⌂ Praça da Figueira 7
ⓦ hospitaldebonecas.com
Este hospital de muñecas del centro de Lisboa lleva arreglando juguetes desde 1830, además de vender ropa y muebles para muñecas.

Chapelaria Azevedo Rua,
una sombrerería a medida

7. Cerâmicas na Linha
⚲ L5 ⌂ Rua Capelo 16
ⓦ ceramicasnalinha.pt
En esta popular tienda venden la cerámica al peso. Ofrece una amplia gama de artículos originales, desde populares tazas minimalistas hasta cuencos con forma de col inspirados en los diseños del artista portugués Bordalo Pinheiro (p. 98).

8. Sapataria Lisbonense
⚲ M4 ⌂ Rua Augusta 202
ⓦ lisbonense.com
En esta zapatería de la vieja escuela los zapatos tienen buena relación calidad/precio e incluyen una etiqueta en el interior que recuerda a Lisboa. Está especializada en calzado ortopédico.

9. Pollux
⚲ M4 ⌂ Rua da Madalena 276
ⓦ pollux.pt
Son unos grandes almacenes de varias plantas donde se venden muebles y utensilios de cocina portugueses a precios razonables. El bar-restaurante de la azotea ofrece espléndidas vistas panorámicas de la ciudad.

10. Casa Pereira Da Conceição
⚲ M4 ⌂ Rua Augusta 102
ⓦ ovalordotempo.pt
Fundada en el año 1933, esta encantadora tienda especializada en tés y cafés también ofrece deliciosos chocolates y dulces tradicionales portugueses.

Confeitaria Nacional, uno de los cafés históricos de Lisboa

Bares y cafés

1. Confeitaria Nacional
🇴 M3 🏠 Praça da Figueira 18
🌐 confeitarianacional.com
Una institución lisboeta por las tartas y pasteles. Dispone de mesas y en el mostrador la actividad es incesante.

2. Penta Café
🇴 M4 🏠 Rua do Ouro 115 🕐 do
🌐 pentacafe.eatbu.com
Este café cercano a Armazéns do Chiado ofrece dulces y unas tostas de un metro de largo.

3. Nicola
🇴 L3 🏠 Praça Dom Pedro IV 24
La principal cafetería con terraza de Rossio tiene una dilatada historia y un hermoso interior *art déco* en mármol. En la planta baja hay un restaurante. El café es más barato en el bar y más caro fuera.

4. Dear Breakfast
🇴 G5 🏠 Calçada de São Francisco 35
🌐 dearbreakfast.com
Abierto todo el día para el *brunch,* sirve huevos cocinados de diversas maneras y tiene opciones veganas y sin gluten.

5. The British Bar
🇴 L6 🏠 Rua Bernardino Costa 52
🌐 britishbar.pt
Este bar fue inaugurado en 1919, la antigua Taverna Inglesa que reunía a los británicos que trabajaban en el país, tiene una amplia selección de cervezas.

6. VIP Éden
🇴 L2 🏠 Praça dos Restauradores 24
La decoración *art déco* y las vistas que dejan sin aliento son los principales reclamos de este bar en la azotea del VIP Executive Suites Éden Aparthotel. Hay que preguntar en recepción y pulsar T en el ascensor.

7. Trobadores
🇴 G5 🏠 Calçada de São Francisco 6A
🕐 lu
Bar de estilo medieval que sirve los típicos *petiscos* portugueses, como el chorizo flambeado, en vajilla de barro cocido y las bebidas en tazas de terracota, sin olvidar el hidromiel.

8. Beira Gare
🇴 L3 🏠 A la vuelta de la esquina de la Praça Dom João da Câmara 4
Conocido por sus *bifanas* (bocadillos picantes de carne de cerdo), también ofrece variados platos de marisco.

9. O'Gilins
🇴 K6 🏠 Rua dos Remolares 8
🌐 ogilinsirishpub.com
El primer *pub* irlandés y el mejor de Lisboa con música en directo algunos días.

10. A Ginjinha
🇴 M3 🏠 Largo de São Domingos 8
🌐 ginjinhaespinheira.com
La *ginjinha* es un licor de cereza portugués y este diminuto bar es casi lo único que sirve.

Dónde comer

1. Oven Lisboa
📍 G4 🏠 Rua dos Fanqueiros 232
🌐 ovenlisboa.com · €€
Restaurante de lujo en el centro que sirve cocina india y nepalí, y tiene un horno *tandoor* tradicional.

2. Gambrinus
📍 L2 🏠 Rua das Portas de Santo Antão 23 🌐 gambrinuslisboa.com · €€€
Este clásico establecimiento lisboeta es tan famoso por los platos de marisco y la sopa de pescado como por los elevados precios.

3. Martinho da Arcada
📍 M5 🏠 Praça do Comércio 3
🌐 martinhodaarcada.pt · €
Antes frecuentado por escritores como Fernando Pessoa, es buen sitio para degustar platos típicos portugueses.

4. A Licorista e o Bacalhoeiro
📍 M4 🏠 Rua dos Sapateiros 222
☎ 213 431 415 🕐 do · €€
Este acogedor restaurante lleva el nombre de los barcos portugueses que pescaban bacalao junto a las costas de Terranova.

5. Terraço Editorial
📍 G4 🏠 Rua dos Fanqueiros 276 piso 8 🌐 terracoeditorial.pt · €€€
Con una extensa carta de vinos portugueses, este restaurante tiene una terraza con vistas increíbles de la ciudad.

6. Prado
📍 G4 🏠 Travessa Pedras Negras 2
🕐 Mediodía ma y mi; do y lu
🌐 pradorestaurante.com · €€
Menú de temporada y vinos ecológicos y naturales en este encantador restaurante con productos de proximidad.

7. Floresta das Escadinhas
📍 M3 🏠 Rua de Santa Justa 3
☎ 218 872 052 🕐 Cenas y do · €
En medio de las escaleras entre la Rua dos Fanqueiros y la Rua da Madalena, este restaurante está especializado en platos de marisco, como pescado a la parrilla y pulpo.

PRECIOS
Una comida de tres platos con media botella de vino (o equivalente), servicio e impuestos incluidos.

€ menos de 20 € €€ 20-40 € €€€ más de 40 €

8. Solar dos Presuntos
📍 L2 🏠 Rua das Portas de Santo Antão 150 🕐 do 🌐 solardos presuntos.com · €€€
Un restaurante tradicional conocido por su delicioso *presunto* (jamón curado), junto a otros platos de carne y marisco, y con una buena selección de vinos. Se recomienda reservar.

9. Bonjardim Rei dos Frangos
📍 L2 🏠 Travessa de Santo Antão 11 ☎ 213 424 389 · €
El pollo asado con *piri-piri* (chile) es uno de los mejores recuerdos culinarios de Portugal. Uno de los mejores sitios para probarlo.

10. Casa do Alentejo
📍 L2 🏠 Rua das Portas de Santo Antão 58 (piso superior) 🌐 casado alentejo.pt · €€
Este antiguo palacio neoárabe alberga una asociación de naturales del Alentejo. El restaurante está abierto a todos y sirve platos sencillos del Alentejo en varios salones memorables.

Decoración neoárabe de la Casa do Alentejo

CHIADO Y BAIRRO ALTO

Chiado es un elegante barrio comercial con algunas de las tiendas y cafés más antiguos de la ciudad. Muchos de los edificios originales de la *belle époque*, destruidos por un incendio en 1988, han sido magníficamente restaurados por el arquitecto Álvaro Siza Vieira a principios del siglo XXI. Más arriba se encuentra el Bairro Alto, un laberinto de estrechas calles del siglo XVI rodeado por avenidas más anchas y edificios de construcción posterior. Tal vez sea el barrio de Lisboa con mayor concentración de bares, aunque también alberga una zona residencial tranquila con antiguas mansiones.

- **1** Imprescindible p. 81
- **1** Dónde comer p. 87
- **1** Compras p. 84
- **1** Cafés p. 85
- **1** Bairro Alto: bares p. 86

Para alojamientos en la zona, ver p. 115

Interior de São Roque, la primera iglesia jesuita de Lisboa

1 Igreja de São Roque

📍 K3 🏛 Largo Trindade Coelho
🕐 10.00-18.00 ma-do 🌐 irmanda
desaoroque.pt

La iglesia jesuita de San Roque, construida a finales del siglo XVI en los límites de lo que se convertiría en el Bairro Alto, es un monumento a la riqueza de las órdenes religiosas y la extravagancia de Dom João V, aunque desde el exterior no lo parezca. La capilla de San Juan Bautista ha sido descrita como una de las más caras jamás construidas. El Museo de Arte Sacro de la iglesia alberga una imponente colección de vestiduras y cuadros.

2 Praça Luís de Camões

📍 K4

El punto donde Chiado se une con el Bairro Alto es un popular lugar de encuentro. Esta plazoleta oval de piedra blanca lleva el nombre del laureado poeta portugués cuya estatua en bronce, rodeada por esculturas en piedra de otros cronistas y amigos, preside el conjunto. La plaza estaba cubierta de pinos piñoneros, pero han sido sustituidos por álamos.

3 Rua do Carmo y Rua Garrett

📍 L4

Las dos principales avenidas de Chiado se encuentran en ángulo recto frente a Armazéns do Chiado, un centro comercial que ocupa la estructura de un famoso gran almacén calcinado. Estas calles peatonalizadas en parte y a veces muy empinadas son de las más bulliciosas de Lisboa. Vale la pena subir a lo más alto desde la Baixa para tomar algo en el café A Brasileira *(p. 85)*.

4 Teatro Nacional de São Carlos

📍 L5 🏛 Rua Serpa Pinto 9
🕐 Los horarios varían, consultar la página web 🌐 saocarlos.pt 🔗

El teatro de la ópera de Lisboa data de 1793 y está considerado el primer edificio neoclásico de la ciudad. La grandiosa fachada está inspirada en La Scala de Milán. Sin embargo, la planta recuerda a la ópera de San Carlo en Nápoles. El maravilloso interior, decorado con maderas doradas y mármoles, muestra un aspecto más barroco. En la plaza hay una estatua del escritor Fernando Pessoa, nacido en una de las casas que la rodean.

5 Calçada do Duque

📍 L3

Este tramo de escalera que se extiende desde Largo Trindade Coelho hasta el final de la Calçada do Carmo es una preciosidad. A medida que se desciende se van encontrando el Café Buenos Aires *(p. 55)* y otros restaurantes. La vista del Castelo de São Jorge, sobre Rossio, aparece enmarcada.

6 Museu Nacional de Arte Contemporânea do Chiado (MNAC)

📍 L5 🏠 Rua Serpa Pinto 4
🕐 10.00–18.00 ma–do
🌐 museuartecontemporanea.gov.pt ↗

Cerca de la Academia de Bellas Artes, es uno de los mejores lugares para contemplar arte portugués desde mediados del siglo XIX en adelante. El núcleo de la colección abarca de 1850 a 1950, pero las recientes adquisiciones y las exposiciones temporales actualizan la muestra.

7 Mercado da Ribeira

📍 K5 🏠 Avenida 24 de Julho
📞 210 607 403 🕐 Puestos de comida: 10.00–24.00 diario; mercado de pescados, frutas y verduras: 6.00–14.00 lu–sá

El principal mercado de pescado, frutas y verduras del centro es un bullir de productos frescos. Cuenta con un popular salón de alimentación, con miniversiones de los principales restaurantes de Lisboa alrededor de mesas compartidas.

8 Elevador da Bica

📍 K4 🏠 Largo do Calhariz en Rua da Bica Duarte Belo 🕐 7.00–21.00 lu–vi, 9.00–21.00 sá, do y festivos ↗

Este funicular inaugurado en 1892 es el más pequeño de Lisboa. En el recorrido entre Largo do Calhariz y Rua

EL DISTRITO BOHEMIO DE LISBOA

La fama del Bairro Alto por la vida bohemia se remonta varios siglos. Incluso en los siglos XVII y XVIII, cuando era un elegante barrio residencial, escondía una faceta escandalosa. En el siglo XIX, cuando se trasladaron al lugar periódicos e imprentas, las autoridades locales decidieron convertir el Bairro Alto en una zona de prostitución regulada. Hoy la zona es el corazón de la vida nocturna de la ciudad, con locales de fado y bares *(abajo)*.

de São Paulo atraviesa el animado barrio de Bica. Como en los demás funiculares de Lisboa, un motor eléctrico impulsa el cable al que permanecen amarrados los dos vagones, que se sirven de contrapeso entre ellos para reducir la carga del motor.

El interesante Museu Arqueológico do Carmo

9 Museu Arqueológico do Carmo

⊞ L4 **⊙** 10.00-19.00 lu-sá (invierno: hasta 18.00) **⤴**

Desde la Baixa se puede acceder a pie o en el Elevador de Santa Justa *(p. 75)* hasta las ruinas de la iglesia de Carmo, del siglo XIV, que sirven de monumento conmemorativo del terremoto de 1755, que destruyó buena parte de la estructura. La tranquila plaza que se abre frente a la iglesia parece un escenario poco probable para uno de los hechos más dramáticos de la historia reciente de Portugal. Fue aquí donde los tanques del ejército amenazaron los barracones de la guardia nacional el 25 de abril de 1974.

10 Elevador da Glória

⊞ K3 **⊠** Praça dos Restauradores en Calçada da Glória **⊙** Consultar previamente **⤴**

El funicular más conocido y popular de Lisboa une Restauradores y el Bairro Alto. Fue el segundo en construirse y se inauguró en 1885. Antiguamente, los vagones tenían dos pisos y la parte alta al descubierto, estaban propulsados por un cable y un sistema de cremallera y llevaban un contrapeso de agua. Más adelante se empleó el vapor, y en 1915 energía eléctrica. En septiembre de 2025 sufrió un grave accidente.

El Elevador da Bica subiendo una empinada cuesta del centro

DE CHIADO A BAIRRO ALTO Y BICA

Mañana

Comienza en las ruinas de **Carmo** *(p. 83)*. Si vienes de la Baixa, puedes llegar a pie o tomar el Elevador de Santa Justa. Cruza hasta la esquina izquierda de la plaza y continúa por Travessa do Carmo, donde puedes tomar un café en **Caffe di Marzano** *(p. 85)* a la vuelta de la esquina. Atraviesa Largo Rafael Bordalo Pinheiro hasta Rua da Trindade y gira a la derecha en Rua Nova da Trindade. Deja a la derecha **Cavejaria Trindade** y dirígete hacia la parte más elevada de la **Calçada do Duque.** Continúa hasta la **Igreja de São Roque** *(p. 81)*. Pasada la iglesia, sigue la calle hacia el **Elevador da Glória** y el **Miradouro de São Pedro de Alcântara** *(p. 48)*, un jardín con vistas. Para almorzar son muy recomendables **Lost In** en el nº 56D y el asador **La Paparrucha** en el nº 18/20.

Tarde

Después del almuerzo, puedes pasear por el Bairro Alto. Accede por **Rua da Rosa** en el extremo opuesto de Rua Dom Pedro V y continúa hasta el **Elevador da Bica.** La línea tiene parada en Rua de São Paulo, desde donde es buena idea continuar a la izquierda hacia Cais do Sodré para tomar una copa en **O'Gilins** o **The British Bar** *(p. 78)*. También puedes seguir por Rua Marechal Saldanha (a la derecha del funicular) para llegar al **Miradouro de Santa Catarina** *(p. 48)*.

Compras

Fachada neoclásica de la elegante Luvaria Ulisses

1. Luvaria Ulisses
📍 L4 🏠 Rua do Carmo 87A 📞 do
🌐 luvariaulisses.com
Esta tienda es la única de Portugal que vende guantes cosidos a mano con garantía de por vida.

2. Leitão & Irmão
📍 L4 🏠 Largo do Chiado 16 📞 do
🌐 leitao-irmao.com
Joyería y platería de una compañía que fue designada en 1875 como proveedora oficial de la Corona portuguesa.

3. EmbaiXada
📍 J2 🏠 Praça do Príncipe Real 26
🌐 embaixadalx.pt
Este centro comercial de moda, con 18 establecimientos tipo *boutique*, vende un gran abanico de artículos, como cosméticos ecológicos, joyería hecha a mano y ropa elegante.

4. A Carioca
📍 L4 🏠 Rua da Misericórdia 9
🌐 vegannata.pt
Esta tienda especializada ofrece cafés de África, Asia y Sudamérica tostados en el momento y empaquetados recién molidos o en grano. También hay tés y chocolate caliente; se recomienda el chocolate de São Tomé.

5. Vista Alegre
📍 L4 🏠 Largo do Chiado 20-23
🌐 vistaalegre.com
Las piezas del principal fabricante de porcelana portugués son muy variadas e incluyen desde diseños modernos hasta tradicionales, y desde vajillas exclusivas hasta exuberantes piezas decorativas.

6. A Vida Portuguesa
📍 M4 🏠 Rua Nova do Almada 72
🌐 avidaportuguesa.com
Encantadora tienda en el corazón de Chiado que vende la mejor joyería, cerámica y juguetes portugueses.

7. The Feeting Room
📍 G4 🏠 Calçada do Sacramento 26
🌐 thefeetingroom.com
Tienda multimarca de jóvenes diseñadores locales, con ropa, calzado y accesorios.

8. Ás de Espadas
📍 M5 🏠 Rua da Conceição 117 🌐 asde
espadasvintagestore.blogspot.com
Una elegante tienda retro con accesorios *vintage* y llamativos sombreros.

9. Armazéns do Chiado
📍 L4 🏠 Rua do Carmo 2 🌐 armazens
dochiado.com
En la estructura restaurada del que fue el gran almacén más elegante de Lisboa, destruido por un incendio en 1988, se encuentra el centro comercial más céntrico de la ciudad. Una de las tiendas más grandes es FNAC.

10. Livraria Bertrand
📍 L4 🏠 Rua Garrett 73 🌐 bertrand.pt/
livrarias
La cadena Bertrand dispone de librerías por toda la ciudad; esta es una de las más antiguas de Lisboa. En el laberinto de salas alberga una amplia selección de títulos en varios idiomas.

Cafés

1. A Brasileira
⚃ L4 ⌂ Rua Garrett 120
🌐 abrasileira.pt
El café más famoso de la ciudad ocupa un local *art nouveau*. Las mesas de la terraza, donde una estatua de bronce recuerda al poeta Fernando Pessoa, son de las más codiciadas de Lisboa.

2. Benard
⚃ L4 ⌂ Rua Garrett 104 ⌚ do
🌐 benard.pt
"El otro café" en realidad es una tetería que sirve tartas y pasteles que algunos consideran mejores que los de su vecino. Las mesas exteriores sirven de agradable anexo a la terraza a menudo abarrotada de A Brasileira.

3. Simpli Coffee Chiado
⚃ F4 ⌂ Largo de São Carlos 5
⌚ do 🌐 simplicoffee.eu
Este tranquilo café con vistas al Teatro Nacional de São Carlos tiene mesas exteriores, dulces recién horneados y un magnífico café.

4. Quiosque Lisboa-Príncipe Real
⚃ F4 ⌂ Praça do Príncipe Real 19
Un ornamentado quiosco que ofrece cafés, cócteles y aperitivos mientras se ve pasar a la gente.

5. Leitaria Académica
⚃ L4 ⌂ Largo do Carmo 1
🌐 leitaria-academica.eatbu.com
Este venerable bar tomó el nombre de la primera universidad de Lisboa. Las mesas colocadas en el tranquilo Largo do Carmo son populares. También se sirven suculentas comidas.

6. Landeau
⚃ F4 ⌂ Rua das Flores 70 🌐 landeau.pt
Café Landeau es famoso por la tarta de chocolate de tres capas. Tras una fachada de azulejos azules guarda un interior rústico con techo de piedra y mesas de madera.

7. Caffé di Marzano
⚃ L4 ⌂ Largo Rafael Bordalo Pinheiro 32 🌐 caffedimarzano.com
Italia se encuentra con Nueva York en este elegante café de esquina, donde los *panini* y los platos de queso se acompañan de cócteles, vermús y cafés.

8. Café Janis
⚃ K5 ⌂ Rua da Moeda 1A
Bistró de moda junto al Mercado da Ribeira *(p. 59)* que sirve una mezcla de platos franceses y mediterráneos. Abierto desde el desayuno hasta la cena, su terraza es perfecta para un cóctel a última hora.

9. Kaffeehaus
⚃ L5 ⌂ Rua Anchieta 3 🌐 kaffee haus-lisboa.com
Este bullicioso café-bar trae un delicioso rincón de Viena a la capital portuguesa. Hágase con una mesa fuera y descanse con un café y una tarta de manzana.

10. Café no Chiado
⚃ L5 ⌂ Largo do Picadeiro 10
🌐 cafenochiado.com
Un popular lugar de encuentro para escritores, músicos y artistas. Hay estantes con libros y periódicos apilados. Sirve variedad de comidas ligeras. Hay una hermosa terraza al aire libre con vistas maravillosas.

Mostrador de A Brasileira, uno de los favoritos de los lisboetas

Bairro Alto: bares

1. Artis
🗺 K4 🏠 Rua Diário de Notícias 95
🕐 do

Artis es uno de los bares más acogedores del Bairro Alto. Es perfecto para disfrutar de unos *petiscos* (tapas portuguesas) y el murmullo de la conversación.

2. By the Wine
🗺 K5 🏠 Rua das Flores 41–43

Botellas vacías decoran el techo de esta vinoteca con una carta repleta de botellas llenas de vinos fortificados como el moscatel. También sirve tablas de quesos y embutidos para picotear.

3. Loucos e Sonhadores
🗺 F4 🏠 Rua da Rosa 261

Este local alternativo ofrece un ambiente más relajado que otros bares del Bairro Alto. Decorado con muebles desparejados, libros y maniquís desmontados, las bebidas son asequibles y se acompañan de un cuenco de palomitas gratis.

4. A Capela
🗺 K4 🏠 Rua da Atalaia 45

La decoración de este bar con pinchadiscos combina sencillez y extravagancia. El estrecho local puede llegar a abarrotarse, pero siempre con una clientela interesante.

5. Majong
🗺 K4 🏠 Rua da Atalaia 3

Local muy arraigado y popular que ofrece tentempiés y una gran variedad de cócteles, incluido el *primo basílico*, de ginebra.

6. Portas Largas
🗺 K3 🏠 Rua da Atalaia 105

Este local concentra la esencia del Bairro Alto en una cáscara de nuez. Se trata de una taberna rústica convertida en bar cuyas fiestas llegan a ocupar la calle. Gente joven, amigable y despreocupada.

7. Toca da Raposa
🗺 G4 🏠 Rua da Condessa 45

Con luz tenue y asientos de terciopelo, este bar de la Calçada do Duque rompe con las calles tradicionales de Lisboa. Los simpáticos camareros preparan cócteles a medida y muchas de las bases son de elaboración propia.

8. Pensão Amor
🗺 K5 🏠 Rua do Alecrim 19

La ecléctica música contribuye al atractivo de este bar de ambiente *burlesque*.

9. Aché Cohiba
🗺 K4 🏠 Rua do Norte 121

En el bar cubano con más ambiente de Lisboa se disfruta del auténtico sabor de La Habana. Ofrece sesiones de DJ y estupendos cócteles.

10. Friends Bairro Alto
🗺 K3 🏠 Travessa da Água da Flor 17

Situado en el animado Bairro Alto, este bar LGTBIQ+ sirve tapas y cócteles, y a menudo organiza fiestas de música pop.

El tranquilo Pensão Amor, con decoración *burlesque*

Dónde comer

PRECIOS

Una comida de tres platos con media botella de vino (o equivalente), servicio e impuestos incluidos.

€ menos de 20 € €€ 20-40 € €€€ más de 40 €

1. BAHR

K4 · Praça Luís de Camões 2 · bahr.pt · €€€

La terraza de este elegante y exclusivo bar-restaurante en el Bairro Alto Hotel es perfecta para tomar una copa antes de cenar.

Decoración contemporánea de Alma, con una estrella Michelin

2. Alma

L4 · Rua Anchieta 15 · do y lu · almalisboa.pt · €€€

Los menús degustación del chef Henrique Sá Pessoa de Alma, con dos estrellas Michelin, son una experiencia gastronómica inolvidable. Hay que reservar con bastante antelación.

3. Belcanto

L4 · Rua Serpa Pinto 10A · do y lu · belcanto.pt · €€€

Un restaurante consolidado del barrio de Chiado con dos estrellas Michelin y un ambiente tradicional encantador. El menú se elabora con productos de temporada.

4. Antigo 1 de Maio

K4 · Rua da Atalaia 8 · 213 426 840 · sá mediodía, do · €€

Este restaurante de gestión familiar sirve comida tradicional portuguesa como *carne do porco à alentejana* (carne de cerdo con almejas, ajo y aceite).

5. Tapa Bucho

K3 · Diário de Notícias 122 · tapabucho.eatbu.com · €€

Tapas españolas y sus homólogos *petiscos* portugueses para compartir en esta taberna actualizada cerca del Miradouro de São Pedro de Alcântara.

6. Tágide

L5 · Largo da Academia Nacional de Belas Artes 19 · do y lu · restaurantetagide.com · €€€

Este elegante restaurante ofrece comida portuguesa con influencia francesa.

7. Rocco

L5 · Rua Ivens 14 · rocco.pt · €€€

Popular local que combina un restaurante italiano y un desenfadado gastrobar. Hay que reservar con antelación.

8. Adega das Mercês

K4 · Travessa das Mercês 2 · 213 424 492 · do · €

Un restaurante típico del Bairro Alto especializado en platos de carne y pescado a la brasa.

9. Bistro 100 Maneiras

K3 · Largo da Trindade 9 · Mediodía lu-vi · 100maneiras.com · €€€

Establecimiento de gama alta que mezcla en sus platos sabores portugueses y de Europa del Este.

10. Ofício - Tasco Atípico

L4 · Rua Nova da Trindade 11k · sá-lu · oficiolisboa.pt · €€

Este acogedor espacio, una versión moderna y elegante de una taberna lisboeta, ofrece platos locales.

BELÉM Y EL OESTE

El oeste de Lisboa comprende una serie de colinas a ambos lados del valle de Alcântara, ahora ocupado por el tráfico, en lugar de por el agua. El antiguo acueducto de la ciudad surca el valle. Enfrente, los barrios residenciales de Campo de Ourique, Estrela y Lapa descienden por empinadas escaleras hacia el río, situado al sur. La zona que se extiende desde los muelles de Alcântara hasta Belém es un tramo recto y accesible con el Ponte 25 de Abril por encima.

1 Jardim Botânico
🚇 J1-J2 🏛 Rua da Escola Politéc-nica 54 🕐 Jardín: verano: 9.00-20.00 diario; invierno: 10.00-17.00 diario ♿

El jardín Botânico de Lisboa se trazó en la segunda mitad del siglo XIX y pasó a ser la principal exposición de flora exótica de la ciudad, sustituyendo al jardín Botânico de Ajuda gracias a su céntrica ubicación. Los edificios situados en la parte alta del jardín albergan varios museos, como el Museu Nacional de História Natural e da Ciência (*p. 55*).

- ❶ Imprescindible p. 88
- ① Dónde comer p. 93
- ① Belém: lugares de interés p. 92

0 metros · 800

Para alojamientos en la zona, ver p. 116

El barrio ribereño de Belém

2 Belém

El barrio más occidental de Lisboa conserva los agradables contrastes que lo diferenciaban del centro. La refrescante brisa del río a lo largo del paseo y algunos de los lugares de interés de Lisboa contribuyen a su atractivo *(p. 92)*, junto con los restaurantes.

3 Estrela

E4 **Praça da Estrela**

La zona situada entre Campo de Ourique y Lapa toma su nombre de la Basílica da Estrela *(p. 46)*, frente a la entrada del jardín más agradable de Lisboa, el Jardim da Estrela. Es una zona de Lisboa típicamente británica, cerca de la embajada británica y el cementerio inglés (donde está enterrado Henry Fielding).

4 Casa Fernando Pessoa

E4 **Rua Coelho da Rocha 16-18** **10.00-18.00 ma-do** **casafernandopessoa.pt**

El gran poeta modernista portugués Fernando Pessoa vivió en esta casa desde 1920 hasta su muerte en 1935. El edificio fue adquirido y rediseñado por el ayuntamiento, que en 1993 lo inauguró como museo dedicado a Pessoa y su obra. Incluye la biblioteca personal del poeta, libros dedicados a su figura y una colección de poesía portuguesa y extranjera. Hay un espacio para exposiciones temporales y actos diversos, algunos muebles de Pessoa y la habitación del poeta, que es recreada de vez en cuando por artistas invitados. El pequeño jardín trasero de estilo modernista alberga un restaurante.

Museo de la Casa Fernando Pessoa

5 Assembleia da República
F4 ⌂ Rua de São Bento
☏ 213 910 843

Este impresionante edificio ha servido de sede al Parlamento portugués desde el año 1833, cuando fueron desalojados los monjes benedictinos del Convento de São Bento da Saúde –un año antes de que se produjera la disolución de las órdenes religiosas–. El vasto monasterio solo pudo remodelarse a duras penas y hasta finales del siglo XIX no fue cuando se diseñó el actual edificio neoclásico.

6 Museu da Marioneta
F5 ⌂ Rua da Esperança 146 (Convento das Bernardas)
⊙ 10.00–18.00 ma-do
⌨ museudamarioneta.pt

El cautivador Museo de Marionetas posee más de 400 marionetas de todo el mundo, además de escenarios, utilería y maquinaria para los espectáculos de guiñol. Ocupa un antiguo convento que comparte con el restaurante Fado No Convento. Organiza espectáculos y talleres de construcción de marionetas para grupos escolares.

Máscara del Museu da Marioneta

7 Monsanto
B2

El frondoso Monsanto es la mayor zona arbolada y la colina más elevada de Lisboa. Muy popular entre corredores, sigue siendo el mejor lugar cerca del centro de Lisboa para aspirar el aroma de los pinos, disfrutar de la brisa fresca y caminar sobre tierra. Se ha instalado equipamiento de fitness y se han trazado senderos para caminar y montar en bicicleta. Existen varias zonas de ocio, incluidos parques infantiles, pistas de tenis, un campo de tiro, un *camping* y un campo de rugby. Es un lugar que merece la pena visitar.

UN GOLDEN GATE PARA EUROPA

Cuando en 1962-1966 se tendió este puente colgante de acero sobre el Tajo, ya se habían propuesto otras ubicaciones. Similar en diseño al puente Golden Gate de San Francisco, el Ponte Salazar tiene algo más de 1 km de longitud, lo que lo convirtió en el puente más largo de Europa en 1966. Las dos torres miden algo menos de 200 m. Fue rebautizado como Ponte 25 de Abril por la fecha de la Revolución de los Claveles de 1974 y se ha ido adaptando al creciente tráfico añadiendo nuevos carriles. La apertura en 1998 del puente Vasco da Gama alivió los atascos de tráfico del puente.

8 Aqueduto das Águas Livres
F3 ☏ 218 100 215 ⊙ 10.00–17.30 ma-do

El largo acueducto de Lisboa fue encargado por Dom João V a principios del siglo XVIII y pretendía incrementar el abastecimiento de agua potable tomando agua dulce de los manantiales de la cercana zona de Caneças. Financiado con los impuestos por la venta de artículos como aceite de oliva, carne y vino, la construcción empezó en 1731; en el año 1748 comenzó a aportar agua a la ciudad. Se concluyó oficialmente en 1799 y transportaba agua a través de 58 km de conductos. El sistema se mantuvo en servicio hasta 1967. El Museu da Água organiza paseos por el acueducto.

El impresionante Aqueduto das Águas Livres

Las tentaciones de san Antonio,
en el Museo Nacional de Arte Antiga

9 Museu Nacional de Arte Antiga

El Museo Nacional de Arte Antiguo *(p. 28)* alberga tesoros artísticos del país y obras maestras internacionales como *Las tentaciones de san Antonio* del Bosco, que no representa a san Antonio de Padua, uno de los patrones de Lisboa, sino a san Antonio de Egipto, fundador del monacato cristiano.

10 Museu do Oriente

🄳 D5 🄰 Avenida Brasília, Doca de Alcântara (Norte) 🕐 10.00-18.00 ma-do (hasta 20.00 vi) 🅆 foriente.pt 🄳

Situado en un edificio antiguo del muelle, este fascinante museo celebra los lazos de Portugal con Asia a lo largo de los siglos. Destacan la magnífica colección de biombos chinos y japoneses de los siglos XVII y XVIII y las excepcionales piezas de porcelana Ming y arte de estilo Namban.

UN PASEO POR EL OESTE DE LISBOA

Mañana

Es muy recomendable tomar el tranvía 28 hasta la parada final en **Prazeres** *(p. 52)*. Visita el cementerio del mismo nombre y luego pasea por la **Rua Saraiva de Carvalho,** pasando junto a la gran iglesia de Santo Condestável con bellas vidrieras. En el mercado de **Campo de Ourique** *(p. 58)* puedes comprar algo de fruta fresca. Continúa hacia la derecha por la Rua Coelho da Rocha para visitar la **Casa Fernando Pessoa** *(p. 89)*. Puedes almorzar aquí o en la acogedora **Tasca da Esquina,** en la Rua Domingos Sequeira.

Tarde

Si bajas por la Rua Coelho da Rocha, giras a la derecha en la Rua da Estrela y continúas colina abajo, llegas al **Jardim da Estrela** *(p. 61)*, un oasis de tranquilidad. A continuación, sigue hasta la entrada principal y la **Basílica da Estrela** *(p. 46)*, situada al otro lado de la plaza. Tras visitar el templo, vale la pena recorrer Lapa y la Rua João de Deus, a la izquierda de la basílica. Sigue las vías del tranvía y luego baja por la Rua de São Domingos, desviándote a derecha o izquierda para admirar las amplias vistas de Lapa. Regresa a la Rua de São Domingos y continúa hasta la Rua das Janelas Verdes y el **Museu Nacional de Arte Antiga (MNAA)** *(p. 28)*.

Belém: lugares de interés

Padrão dos Descobrimentos
a orillas del río, Belém

1. Padrão dos Descobrimentos
🅟 B6 🄰 Avenida de Brasília
🕐 10.00-19.00 diario
(oct-feb: hasta 18.00)
🆆 padraodosdescobrimentos.pt 🔗

Erigido en 1960 en forma de barco,
conmemora el 500º aniversario de la
muerte de Enrique el Navegante.

2. Palácio de Belém
🅟 B6 🄰 Praça Afonso de Albuquerque
🕐 Museo: los horarios varían,
consultar la página web
🆆 museu.presidencia.pt 🔗

Este palacio del siglo XVI, modificado
por Dom João V, es la residencia
oficial del presidente de Portugal.
Alberga el Museu da Presidência
da República.

3. Mosteiro dos Jerónimos
Este monasterio es la obra cumbre del
estilo manuelino. Dom Manuel I mandó
construirlo a comienzos del siglo XVI en
agradecimiento a los descubrimientos
marítimos de Portugal (p. 24).

4. Pastéis de Belém
🅟 B6 🄰 Rua de Belém 84-92
🆆 pasteisdebelem.pt

Lugar de visita obligada, aquí se
elabora el pastel de nata original.

5. Museu Nacional dos Coches
🅟 B6 🄰 Avenida da Índia 136
🕐 10.00-18.00 ma-do
🆆 museudoscoches.gov.pt/pt 🔗

Fascinante museo de carruajes y
carrozas antiguas, entre ellas la del
papa Clemente XI.

6. Museu de Arte Contemporânea MAC/CCB
🅟 A6 🄰 Praça do Império, Belém
🕐 10.00-18.30 ma-do (último acceso:
18.00) 🆆 ccb.pt/macccb 🔗

Esta colección de arte moderno incluye
obras de Pablo Picasso, Salvador Dalí,
Piet Mondrian, Joan Miró, Francis Bacon
y Andy Warhol.

7. Torre de Belém
Se trata de una torre defensiva que
para muchos es la obra maestra del
estilo manuelino (p. 32).

8. Museu de Arte, Arquitetura e Tecnologia (MAAT)
El MAAT (p. 44) destaca por su llamativa
estructura que simula una ola. Las
exposiciones se focalizan en la
conexión entre el arte y la tecnología.

9. Jardim Botânico Tropical
🅟 B5-B6 🄰 Largo dos Jerónimos
🕐 Verano: 9.00-20.00 diario; invierno:
10.00-17.00 diario 🆆 museus.ulisboa.
pt/horarios-e-precos

Este jardín de árboles y plantas
tropicales es la sede del centro de
investigación del Instituto de Ciencias
Tropicales y un oasis en medio del
bullicio de Belém.

10. Palácio da Ajuda
🅟 B5 🄰 Largo da Ajuda
🕐 10.00-18.00 ju-ma
🆆 palacioajuda.gov.pt 🔗

El palacio neoclásico de Ajuda, junto
con los elegantes interiores, quedó
inacabado en 1807, cuando la familia
real fue obligada a exiliarse en Brasil.

Dónde comer

PRECIOS

Una comida de tres platos con media botella de vino (o equivalente), servicio e impuestos incluidos.

€ menos de 20 € · €€ 20-40 € · €€€ más de 40 €

1. Nunes Real Marisqueira

A6 · Rua Bartolomeu Dias 172 · nunesmarisqueira.pt · €€

Bien situado, este lugar es célebre por servir marisco fresco.

2. Solar do Embaixador

B6 · Rua do Embaixador 210 · 213 625 111 · ma · €

Generosas porciones de recetas portuguesas tradicionales en este restaurante de un callejón de Belém.

3. Vela Latina

A6 · Doca do Bom Sucesso · 213 017 118 · do cenas · €€

Este restaurante está especializado en platos creativos de pescado y marisco, como los *filetes de pescada* (merluza).

4. Nosolo Itália

B6 · Avenida de Brasília 202 · nosoloitalia.com · €€

Estupendas vistas del río y una amplia selección de pastas, pizzas y ensaladas.

5. Pão Pão Queijo Queijo

A6 · Rua de Belém 126 · 213 626 369 · €

Este local asequible frente al Mosteiro dos Jerónimos lleva sirviendo *baguettes* y pan de pita rellenos desde 1996.

6. Canalha

C6 · Rua da Junqueira 207 · canalha.pt · €€

El famoso chef João Rodrigues creó este restaurante de barrio con toque *gourmet* en este enclave turístico en 2023.

7. Este Oste

A6 · Centro Cultural de Belém, Praça do Império · grupiusushi cafe.pt/esteoeste · €€

Restaurante de planta abierta con vistas del río especializado en pizzas de horno de leña y *sushi* fresco.

8. Café In

C6 · Avenida de Brasília, Pavilhão Nascente 311 · cafein.pt · €€

El pescado y el marisco a la brasa dominan la carta de este bar de estilo retro y restaurante formal.

9. Arkhe

F5 · Rua de São Filipe Néri 14 · lu, sá y do · arkhe.pt · €€

Ofrece comida de alta gama y menús vegetarianos a precios asequibles. La excelente calidad-precio le ha valido el reconocimiento Bib Gourmand de Michelin.

10. Taberna dos Ferreiros

A6 · Travessa Ferreiros a Belém 5 · 215 873 837 · do cenas y lu · €€

Versión moderna de la cocina tradicional portuguesa en un entorno acogedor; destacan el bacalao y el atún.

Terraza del restaurante Nosolo Itália

AVENIDA Y NORTE DE LISBOA

Avenida da Liberdade es una calle que se extiende hacia el norte desde Restauradores. Termina en la rotonda que recuerda al marqués de Pombal, que se convirtió de facto en jefe del Gobierno de Lisboa tras el terremoto de 1755. Su estatua se alza en medio del tráfico acompañado de un león, supervisando el centro de la ciudad que creó. Si se continúa hasta lo alto del Parque Eduardo VII y se mira hacia la derecha, se pueden contemplar las prolongaciones construidas en el norte de Lisboa a comienzos del siglo XX. Más próximo se encuentra el reconocido Museu Calouste Gulbenkian y algo más lejos el Parque das Nações. El parque, que albergó en su origen la Exposición Universal de 1998, hoy es un barrio más de Lisboa. Con una arquitectura contemporánea y espacios familiares se ha logrado rehabilitar la ribera oriental del río, que en el pasado era una zona industrial abandonada.

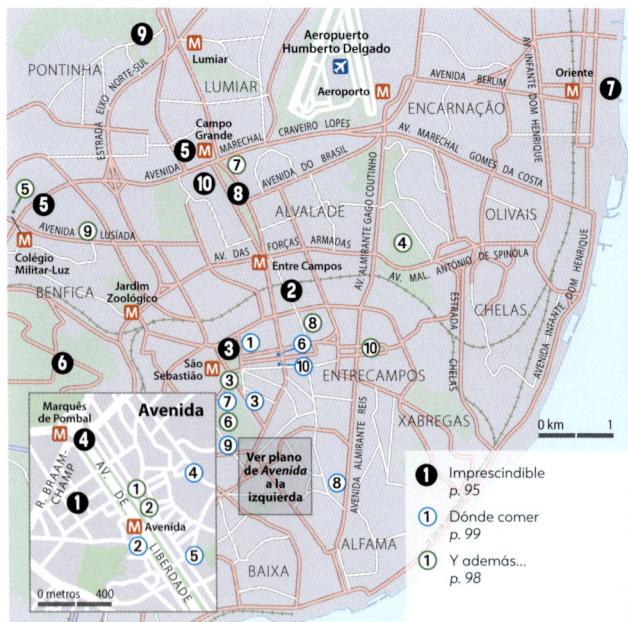

Para alojamientos en la zona, ver p. 116

1 Museu Fundação Medeiros e Almeida

F3 **Rua Mouzinho da Silveira 4**
10.00–17.00 lu-sá
museumedeirosealmeida.pt

Este tesoro de museo fue hogar del empresario y coleccionista privado António Medeiros e Almeida, fallecido en 1986. La colección de unos 2.000 objetos es asombrosa: en 27 salas se exponen tapices franceses y flamencos, platería inglesa, mobiliario ornamentado, cuadros valiosísimos y porcelana china. Entre los más valiosos se encuentran un conjunto de piezas esmaltadas elaboradas por orfebres vieneses, una cubertería de plata que fuera de Napoleón y un reloj raro del siglo XVII fabricado por el relojero real Edward East.

2 Campo Pequeno

F1 **sagrescampopequeno.pt**

La plaza de toros, una de las construcciones más llamativas de Lisboa, es un edificio neomudéjar de 1892 con cúpulas lobuladas y arcos de herradura en las ventanas. Ocupa un espacio donde se han celebrado corridas de toros (p. 96) desde la primera mitad del siglo XVIII. También acoge conciertos y eventos feriales. Tras su restauración, el sótano alberga un centro comercial con restaurantes y un cine.

3 Museu Calouste Gulbenkian

Fundado a partir de las colecciones y la fortuna del exiliado armenio Calouste Gulbenkian es uno de los principales lugares de interés de Lisboa (p. 38). Inaugurado en 1969, se construyó para exhibir el legado a la nación del acaudalado magnate del petróleo. Contiene una de las colecciones de bellas artes y artes decorativas más impresionantes de Europa.

4 Rotonda Marquês de Pombal y Parque Eduardo VII

F2-F3

La rotonda donde posan Pombal y su león era el límite norte de la ciudad concebida por el marqués. El parque que se extiende tras ella fue trazado a finales del siglo XIX como continuación de la Avenida da Liberdade. En 1903 el Parque da Liberdade fue rebautizado en honor al rey inglés Eduardo VII, de visita en la ciudad. Es más un paseo con una pendiente pronunciada que un parque. Para disfrutar de una verdadera zona verde se puede visitar la Estufa Fria y la Estufa Quente, dos invernaderos ubicados en el extremo noroeste. El camino hasta la parte más elevada proporciona bonitas vistas, el agradable café Linha d'Água y el restaurante Eleven (p. 99).

Vista panorámica de la ciudad desde el *miradouro* del Parque Eduardo VII

Terraza cubierta de azulejos del Palácio dos Marqueses da Fronteira

5 Campos de fútbol

📍 B1 y B2 🏠 Benfica: Avenida Eusébio da Silva Ferreira; Sporting: Rua Professor Fernando da Fonseca ♿

Benfica y Sporting, los dos mayores equipos de fútbol de Lisboa, construyeron sus nuevos campos de fútbol para albergar la Eurocopa de 2004. El Estádio José Alvalade, verde y amarillo, del Sporting se encuentra en el extremo norte de la ciudad. No muy lejos está el Estádio da Luz del Benfica, rojo. Ambos tienen museo y ofrecen visitas guiadas al campo.

A CABALLO CONTRA EL TORO

Las corridas de toros portuguesas se presentan siempre con la puntualización de que no se mata al toro. Sin embargo, esta afirmación que intenta apaciguar a los detractores de las corridas resulta engañosa, ya que el toro es sacrificado después de la corrida. La tradición del toreo comenzó incluso antes de la fundación del país, en 1143; no obstante, la primera mención se remonta a 1258 y en ella se cita a Dom Sancho toreando en el norte de Portugal. En Lisboa las corridas tenían lugar en los alrededores del Terreiro do Paço, Estrela y Belém, pero en 1892 se trasladaron a la nueva plaza neomudéjar de Campo Pequeno *(p. 95)*, que actualmente es la única que permanece en activo.

6 Palácio dos Marqueses da Fronteira

📍 B2 🏠 Largo de São Domingos de Benfica 1 🕐 Los horarios varían, consultar la página web 🌐 fronteira-alorna.pt ♿🚻

Esta casa solariega, un antiguo pabellón de caza del siglo XVII ampliado tras el terremoto de 1755, y los jardines ofrecen unas vistas fantásticas. Los jardines formales están decorados con estatuas y paneles de azulejos. En el interior del palacio destaca la Sala de la Batalla, con representaciones de batallas de la guerra de la Restauración contra España, en la que luchó el primer marqués da Fronteira. El palacio Fronteira aún pertenece y está habitado por el actual marqués, que colecciona arte contemporáneo y en ocasiones organiza exposiciones.

7 Parque das Nações

El espacio de la Exposición Universal de 1998 es una zona de negocios *(p. 30)*.

8 Jardim Mário Soares

📍 C2 🏠 Campo Grande 🕐 24 horas diario ♿

Un frondoso oasis con cafés, zona infantil e instalaciones deportivas en el que alquilar una barca o simplemente pasear. Abre a diario hacia las 10.00.

9 Parque Botânico do Monteiro-Mor

📍 B1 🏛 Largo Júlio de Castilho
📞 217 567 620 🕐 10.00-13.00
y 14.00-18.00 ma-do ✦

Este parque de estilo italiano es uno de los mayores oasis de la ciudad. El palacio recuerda el aspecto de Lisboa en la época de apogeo; alberga dos museos muy interesantes, el Museo del Traje (cerrado por reformas) y el Museo del Teatro.

10 Museu de Lisboa

📍 C1 🏛 Campo Grande 245
🕐 10.00-18.00 ma-do
🌐 museudelisboa.pt/pt ✦

El museo ocupa el Palácio Pimenta, una construcción del siglo XVIII ubicada en lo alto de Campo Grande. Merece la pena visitar este palacio y en especial la cocina alicatada con azulejos en los que aparecen animales colgados. La exposición permanente recorre la evolución de Lisboa desde los primeros asentamientos a orillas del Tajo. La muestra tal vez más atractiva es la gran maqueta que recrea el aspecto de Lisboa antes del terremoto de 1755. Además del espacio expositivo, el museo cuenta con un área para exposiciones temporales (Pabellón Negro) y un centro de documentación y servicios.

Cerámica tradicional portuguesa en el Museu de Lisboa

🕐

AL GULBENKIAN Y MÁS ALLÁ

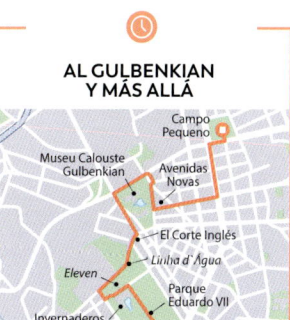

Mañana

Comienza el paseo en la **rotonda de Pombal,** donde puedes contemplar varias representaciones de maremotos y la destrucción que causan, además de las numerosas reformas realizadas por el déspota ilustrado. Retrocede hasta la parte baja del **Parque Eduardo VII** (p. 95) y continúa hacia la cima. Si necesitas hacer un descanso, es buena idea visitar los **invernaderos Estufa Fria** (p. 98) y **Estufa Quente.** En la parte alta el espacio invita a la reflexión sobre el simbolismo del Monumento al 25 de Abril de João Cutileiro y el contraste con las columnas gemelas de Keil do Amaral. A continuación, asciende el último tramo de la colina hasta **Linha d'Água** (linhadeagua.pt); puedes almorzar aquí o en el adyacente **Eleven** (p. 99).

Tarde

Después de comer pasa junto a **El Corte Inglés** (p. 98) para llegar a la entrada lateral del **Museu Calouste Gulbenkian** (p. 99), en el extremo norte de la Avenida António Augusto de Aguiar. Atraviesa el parque y sal por la Rua Marquês de Sá Bandeira para tomar la Avenida Miguel Bombarda y recorrer las Avenidas Novas. Tras desviarte hacia la Avenida da República vale la pena continuar hacia el norte hasta llegar a **Campo Pequeno** (p. 95) y la plaza de toros neomudéjar. Puedes disfrutar de una copa en el parque antes de ver algunos escaparates.

Y además...

1. Quiosques Liberdade
📍 F3 🏛 Avenida da Liberdade
La Avenida da Liberdade tiene varios quioscos al aire libre, cada uno especializado en un aperitivo o bebida, desde cócteles hasta *spritzes*, dulces o *pizza*. A veces hay actuaciones de música en directo.

2. Tiendas de diseñadores de Avenida
📍 F3 🏛 Avenida da Liberdade
El antiguo Passeio Público aún no se ha recuperado de la introducción de tráfico rodado hace más de un siglo. Sin embargo, la aparición de tiendas de diseñadores internacionales muestra que la avenida principal de Lisboa ha recuperado parte de su estatus.

3. El Corte Inglés
📍 F2 🏛 Avenida António Augusto de Aguiar
La cadena posee uno de sus mayores complejos en Lisboa. Contiene los únicos grandes almacenes de la ciudad, además de restaurantes, cines y apartamentos de lujo.

4. Parque da Bela Vista
🏛 Avenida Almirante Gago Coutinho
Este parque urbano alberga el festival MEO Kalorama a finales junio.

5. Centro Colombo
📍 B2 🏛 Avenida Lusíada
🕐 10.00-24.00 diario
Considerado el mayor centro comercial de la península ibérica, dispone de 340 tiendas, más restaurantes y cines.

6. Estufa Fria
📍 F2 🏛 Parque Eduardo VII 🕐 Verano: 10.00-19.00 ma-do; invierno: 9.00-17.00 ma-do 🌐 estufafria.lisboa.pt
Es uno de los enclaves de interés botánico más hermosos de Lisboa. Cuenta con centenares de especies de plantas de todo el mundo y algunas cascadas y riachuelos.

El inmenso Centro Colombo de Lisboa

7. Museu Rafael Bordalo Pinheiro
📍 C1 🏛 Campo Grande 382
🕐 10.00-18.00 ma-do
🌐 museubordalopinheiro.pt 🔗
Este museo dedicado al caricaturista y ceramista más famoso de Portugal ofrece una mirada rigurosa pero desenfadada de la historia del país.

8. Culturgest
📍 G1 🏛 Rua Arco do Cego 🕐 11.00-18.00 ma-do 🌐 culturgest.pt 🔗
Se trata de un centro cultural ubicado en la posmoderna sede central de un banco estatal, cuya programación ofrece música, baile, teatro y exposiciones.

9. Benfica
📍 B2 🏛 Estrada de Benfica
Este orgulloso barrio del noroeste posee un ritmo propio. El famoso equipo de fútbol no nació aquí, sino que se trasladó a la zona.

10. Alameda
📍 G1 🏛 Alameda Dom Afonso Henriques, Avenida Almirante Reis
En esta angosta zona y la monumental fuente iluminada se puede descubrir cómo era Lisboa antes de 1974.

Dónde comer

1. Laurentina

F1 · Avenida Conde de Valbom 71A · do · restaurantelaurentina.com · €€

El autoproclamado "rey del bacalao" ofrece una exhaustiva gama de platos de *bacalhau*.

2. Ribadouro

K1 · Avenida da Liberdade 155 · cervejariaribadouro.pt · €€

Esta es una de las mejores *cervejarias* (cervecerías) de la ciudad. Como en muchas otras, la especialidad es el marisco, con platos un poco caros.

3. A Minha Avó

F2 · Avenida António Augusto de Aguiar 74B · 936 700 023 · lu mediodía · €€

Cocina tradicional portuguesa con un toque vegano se unen en este acogedor restaurante cerca del Parque Eduardo VII.

4. Psi

G3 · Alameda Santo António dos Capuchos, Jardim dos Sabores · do · restaurante-psi.com · €

Disfruta de platos de todo el mundo en este restaurante vegetariano y vegano.

5. É Um Restaurante

G3 · Rua São José 56 · do y lu · eumrestaurante.pt · €€

Famoso por su gastronomía portuguesa y por ofrecer formación y apoyo a personas sin techo. El servicio es excepcional.

6. Choupana Caffé

F2 · Avenida da República 25A

A pocas manzanas del Museu Calouste Gulbenkian, esta cafetería sirve un desayuno portugués y aperitivos ligeros.

7. Eleven

E2 · Rua Marquês e Fronteira, Jardim Amália Rodrigues · do · restauranteleven.com · €€€

El mejor restaurante *gourmet* de Lisboa ofrece comida mediterránea moderna elaborada por el chef alemán Joachim Koerper, que le ha valido una estrella Michelin.

8. Cervejaria Ramiro

N1 · Avenida Almirante Reis 1 · lu · cervejariaramiro.com · €€€

Abierto en 1956, Ramiro es el paraíso de los amantes del marisco. Langosta, cangrejo relleno y langostinos tigre son algunos imprescindibles.

9. Kabuki Lisboa

F3 · Galerias Ritz, Rua Castillo 77B · lu, sá mediodía, do · kabukilisboa.pt · €€€

Ambiente elegante y relajado en este restaurante japonés, con una estrella Michelin, del hotel Ritz-Carlton. Desde la cocina abierta se puede ver preparar el *sashimi* de atún de las Azores y una versión de los *ovos rotos* con salmón especiado.

10. Pastelaria Versailles

F1 · Avenida República 15A · grupoversailles.pt · €€

Este café con *patisserie* resulta encantador, aunque esté algo amarillento. En el interior se pueden ver camareros atentos y clientes habituales.

El sofisticado Eleven, con una estrella Michelin

LA COSTA DE LISBOA

Tal vez la época de apogeo sea un recuerdo lejano, pero el tramo de costa que se extiende desde la desembocadura del Tajo hasta el punto más occidental de Europa –el ventoso Cabo da Roca– ofrece muchos otros alicientes. La bonita región costera, conocida por los portugueses como la *linha*, se ha convertido en una de las zonas suburbanas más populosas de Lisboa, aunque sigue conservando un ambiente tranquilo, que atrae tanto a los amantes del sol como a los surfistas. En el interior se alza Sintra, una ciudad de cuento coronada por el espectacular Palácio da Pena.

Imprescindible
p. 101

Dónde comer
p. 105

Y además...
p. 104

Para alojamientos en la zona, ver p. 117

Puerto deportivo de la pintoresca ciudad de Cascais

1 Puerto deportivo de Cascais

🏠 Casa de São Bernardo 🕐 Abr-sep: 8.30-20.00 diario; oct-mar: 9.00-18.00 diario 🌐 marinacascais.com

El puerto deportivo de Cascais se encuentra pasado el centro de la ciudad y rodea la fortaleza original del cabo. Los 650 amarres pueden albergar embarcaciones de hasta 36 m de eslora y un máximo de 6 m de calado. Las pequeñas tiendas y restaurantes atraen también a mucho público que no acude a navegar. En los alrededores se encuentran el amplio parque municipal de Cascais y el Museu Condes de Castro Guimarães *(p. 104)*.

2 Costa de Cascais-Estoril

Estoril y Cascais se encuentran unidos por un largo paseo paralelo a la playa. Esta avenida flanqueada por pequeños restaurantes y bares, y en ocasiones salpicada por las olas del Atlántico, es el mejor lugar para pasear de ambos centros turísticos.

3 Monte Estoril

La cresta que separa Estoril de Cascais fue el lugar elegido para levantar el primer centro turístico de la zona en la primera mitad del siglo XX. Este cautivador conjunto de mansiones grandiosas, galerías comerciales y apartoteles conserva todavía zonas verdes y tranquilas. Para acceder a la estación de ferrocarril hay que cruzar un túnel bajo la bulliciosa carretera costera, la *Marginal*.

4 Guincho

La playa de Guincho, situada entre Cascais y Cabo da Roca, es popular entre los aficionados al surf (aunque no es recomendable para principiantes) y el ancho tramo de arena resulta perfecto para practicar deportes de playa y dar vigorosos paseos. Si hace demasiado viento para nadar o tomar el sol, es aconsejable acudir a las playas contiguas, más pequeñas y protegidas. Junto a la carretera de Guincho se encuentran algunos de los mejores restaurantes de la zona *(p. 105)*.

5 Colares

Este tranquilo pueblo situado entre Sintra y la costa dio nombre a uno de los vinos de mesa *(p. 103)* más famosos de Portugal. Los amantes del vino pueden visitar la cooperativa de Colares, situada al inicio de la carretera hacia Praia das Maças, o dirigirse a Adega Viúva Gomes *(viuvagomes.com)*, al este de Praia da Adraga. También merece la pena pasear por las zonas más antiguas de Colares, cubiertas con plataneros. Si se busca algo distinto, vale la pena visitar HopSin BrewPub *(hopsin.pt)*, una cervecería con varias cervezas artesanales, y Aldea Coop *(coopaldea.org)*. Cerca hay varios enclaves costeros conocidos; al norte de Praia das Maças está el pueblo de Azenhas do Mar *(p. 104)* y al sur se halla el complejo turístico de Praia Grande *(p. 50)*.

6 Convento dos Capuchos

En la carretera EN247-3 ⏰ 9.00–17.30 diario (último acceso: 17.00) 🌐 parquesdesintra.pt ↗

Este monasterio franciscano del siglo XVI se encuentra por encima del Cabo da Roca, cerca de Peninha *(p. 104)*. Se trata de un impresionante ejemplo de la frugalidad monástica y una rareza entre los opulentos edificios religiosos de Portugal. Las celdas de los monjes, pequeñas y sencillas, están talladas en la roca y forradas de corcho. La escasa decoración se limita a zonas comunitarias como la capilla, el refectorio y la sala capitular.

7 Monserrate

Estos encantadores jardines en los que se combinan elementos naturales y artificiales concentran algunas de las características esenciales de la región de Sintra. Las ruinas artificiales del jardín inferior podrían haber sido diseñadas para *El libro de la selva* de Walt Disney. El palacio *(p. 40)*, reformado entre 1863 y 1865 por el aristócrata inglés *sir* Francis Cook, representa un maravilloso pastiche de los estilos arquitectónicos portugués, árabe e hindú.

Olas rompiendo contra los acantilados de Praia da Ursa

8 Cabo da Roca

El punto más occidental de la Europa continental es un impresionante acantilado donde se pueden ver un faro y una cita del poema épico *Os Lusíadas*, de Luís de Camões, labrada en piedra. El cabo está sujeto a las peculiaridades climáticas de toda la región de Sintra, por lo que es buena idea llevar un jersey, incluso si en Cascais hace calor. Se puede comprar un certificado que acredita el haber pisado el extremo más occidental del continente. Hay un buen café-restaurante, Moinho Dom Quixote, cerca del desvío desde la carretera de Sintra, y Praia da Ursa *(p. 51)* se encuentra al norte.

9 Sintra

Existe un dicho portugués que afirma que no se ha terminado de ver el mundo hasta que no se ha pasado por Sintra *(p. 40)*. Además, cuando se visita esta deslumbrante ciudad, ubicada en la ladera norte de la Serra de Sintra, resulta fácil entender por qué fue la residencia de verano preferida por los reyes portugueses *(p. 40)*.

Espectaculares arcos del interior del palacio de Monserrate

10 Casino de Estoril

🏠 Avenida Dr Stanley Ho
🕐 15.00-3.00 diario 🌐 casino-estoril.pt ↗

El mayor casino de Europa dispone, además de mesas de apuestas y máquinas tragaperras, de varios restaurantes de calidad, una galería de arte, un extenso programa de conciertos, una discoteca, un escenario de teatro y vibrantes espectáculos de cabaré. El jardín con palmeras que se extiende frente a él añade un toque de *glamour*.

VINO DE COLARES

Colares era conocido por tintos aterciopelados y longevos elaborados con uva ramisco –una de las pocas supervivientes en Europa a la filoxera–, pero la fama parece haber quedado relegada al recuerdo. Este pueblo sigue elaborando vinos, si bien muy pocos tienen la calidad antes asociada a Colares. Parece ser que el mantenimiento de las vides antiguas y la necesidad de plantar las nuevas a gran profundidad para protegerlas del piojo de la vid eleva los costes en exceso.

UN RECORRIDO POR SINTRA

Mañana

Comienza el recorrido en **Cascais** (*p. 101*) y sigue la costa de **Guincho** hacia el **Cabo da Roca** (carretera N247). Tras pasar junto a la playa de Guincho, continúa por la carretera principal dejando atrás el desvío hacia Malveira da Serra. Para visitar el **Cabo da Roca** desvíate a la izquierda, o si prefieres ver **Peninha** (*p. 104*) y el **Convento dos Capuchos**, toma un desvío algo posterior a la derecha. La segunda opción permite pasear entre bosques y disfrutar de vistas de la Serra y la primera ofrece una vigorizante bocanada de brisa marina y la posibilidad de tomar una copa en **Moinho Dom Quixote**. Después vale la pena continuar hacia **Colares** (*p. 101*), donde puedes almorzar y visitar el pueblo.

Tarde

Desde Colares toma una carretera más estrecha, la N375, hacia Sintra, que llega hasta **Monserrate.** Haz una parada aquí para poder disfrutar de los jardines. Continúa entre bosques hasta llegar al **Palácio de Seteais** (*p. 117*), donde puedes tomar el té. Un poco más adelante en la **Quinta da Regaleira** (*p. 40*) es buena idea parar y admirar los jardines y los objetos esotéricos antes de entrar en **Sintra**. Sigue subiendo hasta el aparcamiento; luego puedes bajar o dirigirte directamente a cenar en Lawrence's (*Rua Consigliéri Pedroso 38-40*). El modo más rápido de regresar a Cascais (y Lisboa) es tomar la N9.

El Palácio Nacional da Pena rodeado por el Parque da Pena

Y además...

1. Parque da Pena
N247-3 ☐ Parque: 9.30-19.00 diario;
palacio: 9.00-18.30 diario
Los senderos de este parque conducen
hasta el punto más elevado en las
colinas de Sintra, Cruz Alta, con 530 m
de altitud.

2. Campos de golf
penhalonga.com; oitavos
dunes.com
Hay ocho buenos campos de golf. Los
mejores lugares para jugar son Penha
Longa, entre Cascais y Sintra, y Oitavos,
en el complejo de la Quinta da Marinha.

3. Peninha
N247
Nossa Senhora de Penha se construyó
a finales del siglo XVII. En 1918 António
Carvalho Monteiro, el millonario
propietario de la Quinta da Regaleira
(p. 40), añadió una residencia con
aspecto de fortaleza.

4. Casa das Histórias Paula Rego
Avenida da República 300, Cascais
214 826 970 ☐ 10.00-18.00 ma-do
Las obras de la artista portuguesa
Paula Rego, conocida por su
representación de los cuentos
populares, se exponen aquí.

5. Boca do Inferno
Estrada da Boca do Inferno (N247-8)
La Boca del Diablo es una de las más
profundas grietas del rocoso litoral,
donde las olas rugen e impulsan un
chorro de agua por un orificio vertical.

6. Cidadela de Cascais
Avenida D. Carlos I
Las murallas del siglo XVI de esta fortaleza
encierran varias *boutiques* de lujo y galerías de arte, además de una *pousada* que
aloja al restaurante Taberna da Praça.

7. Palácio Biester
Avenida Almeida Garrett 1A
☐ 10.00-20.00 diario (oct-mar: hasta
18.30) ☐ 1 ene, 25 dic biester.pt
Abierto al público en 2022, este palacio
del siglo XIX está rodeado por un
parque con vistas sobre los principales
enclaves de Sintra.

8. Autódromo do Estoril
N9, Alcabideche circuito-estoril.pt
El circuito de Fórmula 1 de Estoril sirvió
de escenario al Gran Premio de Portugal
entre 1984 y 1996. Actualmente acoge
competiciones de Moto GP y eventos
del A1 GP.

9. Azenhas do Mar
N375
El pueblo se extiende desde lo alto del
acantilado. Los domingos suele acudir
mucha gente a almorzar.

10. Museu Condes de Castro Guimarães
Avenida Rei Humberto II de Itália
214 815 303 ☐ 10.00-13.00 y 14.00-
18.00 ma-do
Se afirma que esta torre y la grandiosa
villa junto al arroyo, detrás del puerto
deportivo (p. 101), están inspiradas en
un cuadro.

Dónde comer

1. Fortaleza do Guincho
Estrada do Guincho, Cascais
Mediodía mi-sá; lu y do
fortalezadoguincho.com · €€€
Este elegante restaurante galardonado con una estrella Michelin elabora un moderno menú francés con ingredientes portugueses.

2. Porto de Santa Maria
Estrada do Guincho
portosantamaria.com · €€€
Este restaurante de pescado y marisco, uno de los mejores del país, ocupa un moderno edificio con vistas a la espectacular costa cercana a la playa de Guincho.

3. Masala
Rua Frederico Arouca 288
restaurantemasala.pt · €€
Restaurante informal con buena selección de platos indios que incluye varias opciones vegetarianas.

4. Dom Grelhas, Cascais
Casa da Guia, Estrada do Guincho
918 500 782 ma · €€
Dom Grelhas está especializado en carnes y pescados a la brasa y se encuentra en un complejo de restaurantes y pequeñas tiendas.

5. Local Cascais
Rua Padre Moisés da Silva 13, Cascais localkitchen.pt · €€
Este acogedor restaurante dentro del mercado municipal, sirve platos con toques mediterráneos y asiáticos.

6. Verbasco, Cascais
Quinta da Marinha Oitavos Golf
lu theoitavos.com · €€
En el amplio club del campo de golf de Oitavos se ofrece cocina moderna y sofisticada.

7. O Pescador
Rua das Flores 10B, Cascais mi
restaurantepescador.com · €€
Recuerdos náuticos adornan las paredes de este restaurante de marisco y pescado frescos. La bodega es una de las mejor abastecidas de la región.

8. Mar do Inferno
Avenida Rei Humberto II de Itália
mi mardoinferno.pt · €€€
Magníficas vistas costeras desde lo alto de Boca do Inferno y platos de pescado o marisco fresco.

9. Taberna Clandestina Cascais
Rua Afonso Sanches 36
tabernaclandestina.pt · €€
Amplia variedad de *petiscos* portugueses e italianos en una taberna de ambiente rústico, ubicada en la animada Rua Afonso Sanches, también conocida como Calle Amarilla.

10. Estoril Mandarim
Casino do Estoril lu y ma
airmenu.com/restmandarim · €€
Uno de los mejores y más lujosos restaurantes chinos de Portugal forma parte del complejo del casino de Estoril. Merece la pena probar el pato pekinés y los *dim sum*.

Terraza de
O Pescador

DATOS ÚTILES

Cómo llegar y moverse   108

Información práctica   110

Dónde alojarse   114

Índice   118

Frases útiles   124

Agradecimientos   126

Pastel de nata y café

CÓMO LLEGAR Y MOVERSE

Ya sea a pie o en transporte público, aquí está toda la información necesaria para recorrer la ciudad y sus alrededores como un lisboeta.

DE UN VISTAZO

PRECIO DEL TRANSPORTE PÚBLICO

METRO

1,85 €

1 hora, trasbordos incluidos

AUTOBÚS

2,20 €

billete sencillo de autobús

TRANVÍA

3,20 €

billete sencillo de tranvía

LÍMITES DE VELOCIDAD

AUTOPISTA
120 km/h

AUTOVÍA
100 km/h

CARRETERAS SECUNDARIAS
90 km/h

ZONAS URBANAS
50 km/h

Llegada en avión

Al **aeropuerto Humberto Delgado** de Lisboa llegan vuelos nacionales e internacionales y está conectado con el centro de la ciudad. Para conocer los tiempos de trayecto y los precios de los transportes entre el aeropuerto y el centro de la ciudad, ver la tabla de la página siguiente.

Aeropuerto Humberto Delgado
🆆 ana.pt

Viajar en tren

CP (Comboios de Portugal) es el operador ferroviario nacional que conecta la mayor parte de lugares de Portugal. Lisboa tiene cuatro estaciones ferroviarias principales: Rossio, Cais do Sodré, Santa Apolónia y Oriente. Rossio y Cais do Sodré cubren trayectos regionales con líneas a Sintra y Cascais, respectivamente. Santa Apolónia y Oriente conectan con destinos internacionales y otros de Portugal.

CP
🆆 cp.pt

Transporte público

Carris, de propiedad pública, es la principal autoridad de transporte público en Lisboa y es responsable de autobuses, tranvías y elevadores. El metro se gestiona de forma independiente, pero también pública.

Carris
🆆 carris.pt

Billetes

Los billetes de un solo viaje para autobuses, tranvías y funiculares se pueden comprar al subir. Las tarjetas Zapping electrónicas como **Navegante** se pueden recargar siempre que se quiera o cargarse con un pase de 24 horas. Se pueden comprar en máquinas y en taquillas en las estaciones de metro de toda la ciudad y en algunas estaciones de ferrocarril y quioscos. Asimismo se pueden usar tarjetas *contactless* en la red de metro.

Navegante
🆆 navegante.pt

Metro y autobús

El moderno **Metropolitano de Lisboa** abarca la mayor parte de la ciudad, salvo la zona oeste, y es la forma más rápida y económica de moverse. Las estaciones están señalizadas con una M roja y el horario es de 6.30 a 1.00.

La red de autobuses de Lisboa es extensa. Suelen ser amarillos y recorren el centro de la ciudad de 5.30 a 1.00. Fuera de este horario hay un pequeño número de servicios nocturnos.

Metropolitano de Lisboa
Ⓦ metrolisboa.pt

Autobuses de larga distancia
La mayoría de los autobuses nacionales e internacionales llegan a la estación central de Sete Rios. **Rede Expressos** tiene servicios regulares a la mayoría de las ciudades de Portugal. **Flixbus** ofrece recorridos regionales y conexiones internacionales con Francia y España.

Flixbus
Ⓦ global.flixbus.com
Rede Expressos
Ⓦ rede-expressos.pt

Tranvías y funiculares
Los tranvías y funiculares son una forma agradable de ver la ciudad, pero solo cubren algunas zonas, a lo largo del río hasta Belém y partes altas de Lisboa. La ruta más popular es la 28, que va desde Alfama a Prazeres, en el oeste, pasando por el casco histórico.

Los antiguos funiculares (Glória, Bica y Lavra) y uno más moderno (Graça) llevan a los lisboetas hasta lo alto de las colinas más empinadas de la ciudad. Tomar el Elevador de Santa Justa también es toda una experiencia. El servicio de funiculares y elevador se ha visto alterado para llevar a cabo inspecciones técnicas tras el accidente de Glória en septiembre de 2025.

Ferris
Los frecuentes ferris que cruzan el Tajo, que salen más o menos cada 15 min, suponen una excursión agradable al barrio portuario de Cacilhas. La mayoría de los ferris del Tajo los opera **Transtejo**

y salen periódicamente de Cais do Sodré, Terreiro do Paço y Belém.
Transtejo
Ⓦ ttsl.pt

Taxis
Los taxis lisboetas son relativamente económicos comparados con los de otros países europeos. Se pueden parar en la calle o en una parada; la mayoría solo aceptan pago en efectivo. Una luz verde indica que el taxi está libre y dos luces verdes que se aplica una tarifa más cara. Las dos compañías principales son **Cooptáxis** y **Retalis Radio Taxi.**

Cooptáxis
Ⓦ cooptaxis.pt
Retalis Radio Taxis
Ⓦ retalis.pt

En coche
Las calles del centro son estrechas y tienen tráfico, por lo que no se recomienda conducir por ellas. Hay varios aparcamientos y zonas de aparcamiento regulado.

En bicicleta
Aunque las empinadas laderas de Lisboa no están hechas para la bicicleta, cuenta con algunos carriles bici. El parque forestal Monsanto ofrece senderos tranquilos y hay varios carriles muy populares al sur del río. Existe un creciente número de compañías de alquiler; **Lisbon Bike Rentals** ofrece bicicletas eléctricas.

Lisbon Bike Rentals
Ⓦ lisbonbikerentals.com

A pie
Pasear por las pintorescas calles de Lisboa es una de las facetas más gozosas de la ciudad y a los principales lugares de interés se puede llegar andando. Sin embargo, las calles empinadas pueden ser resbaladizas si llueve.

TRANSPORTE AL AEROPUERTO

Aeropuerto	Transporte	Precio	Tiempo de trayecto
Aeropuerto Humberto Delgado	Metro	1,85 €	35 min
	Autobús	2,20 €	40 min
	Taxi	20 €	30 min

INFORMACIÓN PRÁCTICA

Conocer la información local ayuda a moverse con facilidad por Lisboa. Aquí están todos los consejos e información esencial que pueden resultar necesarios durante la estancia.

DE UN VISTAZO

MONEDA
Euro (EUR)

GASTO MEDIO DIARIO

BAJO	MEDIO	ALTO
35 €	70 €	+150 €

AGUA MINERAL	CAFÉ	CERVEZA	CENA PARA DOS
0,80 €	1 €	3 €	45 €

FRASES ÚTILES

Hola	Olá
Gracias	Obrigado/Obrigada
Por favor	Por favor
Adiós	Adeus
¿Habla español?	Fala espanhol?
No entiendo	Não compreendo

ENCHUFES
Las tomas de corriente son de tipo F, con dos clavijas cilíndricas. El voltaje habitual es de 220-240 v.

Documentación

Los españoles y nacionales de otros países de la UE pueden viajar a Portugal con el DNI o pasaporte en vigor para estancias de menos de tres meses. Para ampliar esta información se recomienda consultar al **Ministerio de Asuntos Exteriores de España** o a la **Embajada de Portugal en España.**
Embajada de Portugal en España
w madrid.embaixadaportugal.mne. gov.pt/es/
Ministerio de Asuntos Exteriores de España
w exteriores.gob.es

Consejos oficiales

Es importante tener en cuenta los consejos oficiales antes de viajar. Se pueden consultar las recomendaciones sobre seguridad, sanidad y otras cuestiones importantes tanto en la web del **Ministerio de Asuntos Exteriores de España** como en la del **Gobierno de Portugal.**
Gobierno de Portugal
w gov.pt
Ministerio de Asuntos Exteriores de España
w exteriores.gob.es

Información de aduanas

La página web **Visit Portugal** ofrece información relativa a la legislación sobre bienes y divisas que se pueden introducir o sacar de Portugal.
Visit Portugal
w visitportugal.com/es

Seguros de viaje

Es recomendable contratar un seguro completo que cubra robos, pérdida de pertenencias, problemas médicos, cancelaciones y retrasos, y leerse la letra pequeña.

Los ciudadanos de la UE tienen derecho a atención sanitaria urgente de modo gratuito en Portugal si

presentan la **Tarjeta Sanitaria Europea (TSE).**
Tarjeta Sanitaria Europea (TSE)
🅦 seg-social.es

Vacunas
No se exige ninguna vacuna para entrar en Portugal.

Dinero
La mayoría de los establecimientos aceptan las principales tarjetas de crédito y débito y las tarjetas prepago. Las tarjetas *contactless* son cada vez más habituales en Lisboa, pero los pequeños comercios y restaurantes a menudo solo aceptan tarjetas portuguesas y es buena idea llevar efectivo para pequeños gastos como un café o la compra en un mercado. Hay cajeros automáticos por toda la ciudad.

La propina suele ser un 10 % de la cuenta del restaurante o del taxi; los porteros de los hoteles y el personal de limpieza esperan 1 o 2 € por maleta o día.

Viajeros con necesidades específicas
Las colinas de Lisboa son un reto para las personas con movilidad reducida y para los carritos de bebé. Lisboa ha mejorado mucho en lo relativo a sillas de ruedas, baños adaptados y plazas de aparcamiento reservadas. En muchos sitios públicos hay rampas y ascensores y algunos autobuses (los que llevan un logo azul y blanco en la parte delantera) admiten sillas de ruedas.

Algunos museos ofrecen videoguías gratuitas en lengua de signos portuguesa e internacional. Unos pocos también cuentan con información en braille.

Empresas como **Tourism For All** ofrecen paquetes vacacionales específicos y **Accessible Portugal** brinda asesoramiento completo para viajar con movilidad reducida. **Portugal 4All Senses** organiza recorridos para personas con discapacidad visual. La web de Visit Portugal ofrece un listado de playas accesibles. También se puede encontrar información sobre viajes y visitas accesibles a Lisboa en el blog **Travel Xperience.**
Accessible Portugal
🅦 accessibleportugal.com
Portugal 4All Sences
🅦 portugal4allsenses.pt
Tourism For All
🅜 tourism-for-all.com
Travel Xperience
🅦 blog.travel-xperience.com

Idioma
El portugués es la lengua oficial en Lisboa. En Portugal se habla bastante inglés, pero los portugueses están orgullosos de su lengua y valoran muy positivamente el esfuerzo de los turistas por comunicarse en portugués. Aunque el portugués escrito es similar al español, la pronunciación es totalmente diferente. Tratar de comunicarse exclusivamente en español puede molestar.

Horarios
La mayoría de los museos, monumentos y edificios públicos abren de martes a domingo y algunos cierran al mediodía; para conocer los horarios, consultar la web de cada lugar.

Los domingos las iglesias permanecen cerradas a las visitas mientras duran las misas; las tiendas suelen cerrar y se reducen algunos servicios de transporte público. Los grandes centros comerciales son una excepción y muchos de ellos abren todos los días y durante todo el día.

En días festivos muchos museos, edificios públicos y tiendas cierran antes o todo el día.

Las circunstancias pueden cambiar repentinamente. Antes de visitar museos, monumentos u otros lugares de interés consulte los horarios actualizados y las formalidades de reserva.

Seguridad personal

Lisboa es una ciudad generalmente segura, aunque pueden cometerse pequeños hurtos. Los carteristas actúan en las zonas turísticas llenas de gente y en las líneas de tranvía más concurridas, particularmente en la 28 y la 15. Conviene utilizar el sentido común, guardar las pertenencias de valor en lugar seguro y permanecer alerta al entorno. Siempre hay que cerrar bien el coche y no dejar objetos a la vista.

En caso de robo hay que denunciar el delito antes de 24 horas en la comisaría más cercana, llevando el carné de identidad. Es necesaria la copia de la denuncia para reclamar a la compañía de seguros. En la terminal de cruceros de Lisboa, junto a la oficina de turismo, hay una comisaría específica para los turistas. En caso de robo del pasaporte o de delito o accidente graves, hay que ponerse en contacto con la embajada.

Por lo general, los lisboetas aceptan a toda clase de personas, al margen de raza, género u opción sexual. La homosexualidad se despenalizó en 1982 y en 2010 Portugal se convirtió en el octavo país del mundo que reconoció el matrimonio entre personas del mismo sexo. En caso de sentirse amenazado, **Safe Space Alliance** indica el lugar seguro más cercano o se puede contactar con el **Centro LGBT,** que da apoyo a la comunidad LGTBIQ+.

Centro LGBT
Ⓦ ilga-portugal.pt
Safe Space Alliance
Ⓦ safespacealliance.com

Salud

Portugal dispone de un sistema sanitario de primera categoría. La atención sanitaria de emergencia es gratuita para todos los ciudadanos europeos. Si se tiene la Tarjeta Sanitaria Europea (TSE) *(p. 111),* conviene presentarla lo antes posible. Es posible que haya que pagar el tratamiento y reclamar después la devolución.

Para los turistas de otros lugares es responsabilidad del paciente pagar los gastos médicos y hospitalarios. Así pues, es importante contratar algún seguro médico antes de viajar.

Los medicamentos y consejos para dolencias menores hay que buscarlos en las farmacias *(farmácias),* señaladas con una cruz verde. Los farmacéuticos dispensan muchos medicamentos que en muchos otros países solo serían accesibles con receta. Todas las farmacias tienen un cartel en el escaparate donde se indica la farmacia de guardia más próxima.

NÚMEROS DE EMERGENCIA

URGENCIAS EN GENERAL	AMBULANCIA
112	**112**

BOMBEROS	POLICÍA
112	**112**

ZONA HORARIA
El horario de verano europeo (CEST) comprende desde finales de marzo hasta finales de octubre.

AGUA DEL GRIFO
A menos que se indique lo contrario, el agua del grifo de Lisboa es potable.

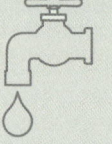

PÁGINAS WEB Y *APPS*

Citymapper
Comprende todas las modalidades de transporte, incluidos carriles bici y sendas para caminar.

Visit Lisboa
Página web de la oficina de turismo de la ciudad *(www.visitlisboa.com).*

Lisboa MOVE-ME
Una *app* útil para navegar por el sistema de transporte público de Lisboa.

Street Art Cities
Una *app* que da detalles sobre la ubicación del arte callejero en Lisboa.

Tabaco, alcohol y drogas

Está prohibido fumar en la mayoría de los espacios públicos cerrados y puede acarrear multas hacerlo, aunque hay algunos bares que todavía lo permiten.

Portugal tiene una tasa de consumo de alcohol elevada, aunque está mal visto aparecer bebido en público. Entre los lisboetas es habitual beber en la calle, fuera del local donde se ha comprado la bebida.

Todas las drogas están despenalizadas en Portugal, pero la posesión de pequeñas cantidades se considera una cuestión de salud pública y se traduce en una amonestación o una pequeña multa.

Carné de identidad

La ley obliga a llevar documento de identidad en todo momento. Si la policía lo solicita, es posible pedir llevar el documento original a una comisaría.

Visita a lugares de culto

Casi todas las iglesias y catedrales no permiten visitas en las misas dominicales. Por lo general, la entrada a las iglesias es gratuita, pero a veces se puede reclamar una cantidad para acceder a algunas zonas, como los claustros y criptas.

Portugal sigue teniendo una marcada identidad católica. Al visitar edificios religiosos es mejor vestir con decoro, con rodillas y hombros cubiertos.

Turismo responsable

Al visitar las playas de Lisboa se debe utilizar crema solar que no dañe los arrecifes y asegurarse de no dejar basura. En la medida de lo posible, hay que apoyar el comercio local comprando recuerdos a los artesanos locales y evitar comprar azulejos en mercadillos y tiendas de segunda mano, ya que pueden ser robados. **Lisbon Sustainable Tourism** ofrece información práctica y consejos para apoyar a la comunidad local.

Lisbon Sustainable Tourism
W lisbonsustainabletourism.com

Teléfonos móviles y wifi

La wifi gratuita está ampliamente extendida en la mayoría de restaurantes, bares y cafés. Cuando se viaja a Portugal con tarifas de la UE no existen los costes de *roaming*. Se cargarán las mismas tarifas que en el país de origen por el uso de datos, llamadas y mensajes de texto.

Correos

Los servicios postales están gestionados por **CTT** (Correios de Portugal), que ofrece un amplio abanico de servicios a precios inferiores a la media europea, con oficinas de correos por toda la ciudad. Los sellos se venden en las oficinas de correos, los quioscos y la página web de CTT. El servicio de correo exprés se conoce como *correio azul*.

La oficina central de correos, situada en Praça dos Restauradores, abre de lunes a viernes y algunas secciones también los sábados por la mañana; el resto de las oficinas abren solo entre semana de 9.00 a 18.00.

CTT
W ctt.pt

Impuestos y devoluciones

El IVA es del 23 %. En algunos casos los ciudadanos no europeos pueden solicitar su devolución. Se puede hacer antes de la compra (mostrando el pasaporte al dependiente y cumplimentando un formulario) o reclamarlo *a posteriori* presentando al funcionario de aduanas los recibos al salir del país.

Tarjetas de descuento

Si se van a hacer muchas visitas en un viaje corto, comprar la **Lisboa Card** oficial es una opción ventajosa. Por 27 € los adultos obtienen transporte público gratuito durante 24 horas, que incluye las líneas ferroviarias a Cascais y Sintra; entrada gratuita a 51 museos y lugares de interés y descuentos en visitas guiadas, compras y espectáculos nocturnos. También hay tarjetas de entre 48 y 72 horas (44 €/54 €). Las tarjetas se pueden adquirir *online*, en el aeropuerto, en las oficinas de turismo de Praça de Comércio y en la estación de tren de Cais do Sodré.

Lisboa Card
W lisboacard.org

DÓNDE ALOJARSE

Lisboa dispone de una gran variedad de alojamientos, desde acogedores hostales a hoteles de lujo. Los barrios céntricos como la Baixa y Chiado ofrecen fácil acceso a varios lugares de interés, la montañosa Alfama conserva el encanto de la Lisboa medieval, mientras que la costa es ideal para una escapada a la playa.

El verano es, con diferencia, la temporada más concurrida (y más cara), pero la primavera y el otoño son igual de agradables. Los precios de las habitaciones no suelen incluir la tasa turística, que en Lisboa es de 4 € por noche.

PRECIOS

Por habitación doble (con desayuno, si está incluido), impuestos y otros cargos.

€ menos de 100 €
€€ 100-250 €
€€€ más de 250 €

Alfama, Castelo y el este

Palacete Chafariz d'el Rey

📍 P5 🏠 Travessa do Chafariz de El-Rei 6
🌐 chafarizdelrei.com · €€€

Entre el laberinto de callejuelas de Alfama se encuentra este palacete de fachada de piedra rosada, fácil de localizar (sobre todo si se llega desde la cercana terminal de cruceros). El interior de este ecléctico edificio es igualmente bello, con vidrieras, azulejos del siglo XVIII y preciosas molduras modernistas, a lo que se suman las bonitas vistas del río.

Hotel Convento do Salvador

📍 P3 🏠 Rua do Salvador 2B
🌐 conventosalvador.pt · €€

Lo que fuera un convento de monjas es ahora un espacioso hotel para visitantes de todas las procedencias, con habitaciones adaptadas para familias y personas con movilidad reducida. Lo más destacado es la instalación de retratos de azulejos del vestíbulo, diseñada por el estudio Pedrita. Frente al hotel se exponen más obras de artistas portugueses contemporáneos.

Tings Lisbon

📍 P1 🏠 Rua da Senhora do Monte 37-43B 🌐 tings lisbon.com · €€

Este hotel junto al Miradouro da Senhora do Monte es perfecto para contemplar la puesta de sol. Está dirigido por una simpática pareja danesa que vive en el hotel junto con sus gatos, que pululan por el jardín secreto o se unen al desayuno mientras los clientes saborean el pan casero.

Varandas de Lisboa

📍 N5 🏠 Rua dos Bacalhoeiros 8 🌐 varandas lisboatejo.com · €€

Con impresionantes vistas al río, las habitaciones de esta casa del siglo XVI son muy populares. El edificio, amarillo brillante, se encuentra junto a la Casa dos Bicos (p. 47) y presenta un interior igualmente vibrante. Las paredes están decoradas con imágenes de la ciudad, incluyendo pinturas del barrio de Alfama. Hay muchos restaurantes cerca, si bien los huéspedes disponen de una cocina privada y de una zona compartida de cocina.

This is Lisbon Hostel

📍 N3 🏠 Rua da Costa do Castelo 63 🌐 thisislisbon hostel.com · €

Ubicado en una casa tradicional lisboeta, este hotel ecológico es perfecto en cualquier estación. En la terraza se imparten clases de yoga y se ve la puesta de sol, mientras la calefacción central (algo poco habitual en la ciudad) mantiene el calor en invierno.

De Baixa a Restauradores

Pousada de Lisboa

📍 M5 🏠 Praça do Comércio 31-34
🌐 pousadas.pt · €€€

Este antiguo edificio histórico reconvertido en hotel de lujo es una de las mejores Pousadas de Portugal. Ocupa la antigua sede del Ministerio del Interior. La Pousada de Lisboa combina elementos tradicionales, como techos de piedra abovedados, con instalaciones modernas que incluyen un gimnasio, piscina climatizada y un asador, todo ello a un paseo de la céntrica Praça do Comércio.

AlmaLusa Baixa/Chiado

L5 ⌂ **Praça do Município 21** Ⓦ **almalusahotels.com · €€€**

Las familias se sentirán en casa en AlmaLusa, donde los niños son recibidos con dulces como *pastéis de nata* y el oso de peluche Almy, mascota del hotel. El restaurante tiene un menú infantil, las habitaciones comunicadas ofrecen espacio a la vez que intimidad, y el personal ofrece consejos a los que viajan en familia.

Dare Lisbon House

M4 ⌂ **Rua dos Sapateiros 135** Ⓦ **darelisbon.com · €€**

Este hotel ecológico, cuyo punto fuerte es la eficiencia energética y el uso de materiales sostenibles, es perfecto para estancias prolongadas. Tiene apartamentos de uno y dos dormitorios, algunos decorados con azulejos tradicionales y vigas vistas. Otra de las ventajas es que se admiten perros.

Hotel Mundial

M3 ⌂ **Praça Martim Moniz 2** Ⓦ **hotel-mundial.pt · €€**

Inaugurado en 1958, el Hotel Mundial ha hospedado a famosos como Brigitte Bardot, Simone de Beauvoir y la cantante de fado Amália Rodrigues. Su ubicación céntrica, frente a la Praça do Martim Moniz, permite a los huéspedes desplazarse fácilmente a pie por la ciudad. La mayoría de las habitaciones ofrecen vistas a la ciudad, pero también se pueden disfrutar de vistas panorámicas en el bar de la azotea.

Home Lisbon Hostel

M4 ⌂ **Rua de São Nicolau 13, 2E** Ⓦ **homelisbonhostel.com · €**

Clases de surf, caminatas, visitas a pubs… Este albergue mantiene a los huéspedes ocupados todo el día. Tras tanto ajetreo se puede descansar en la sala de estar o disfrutar de una cena casera preparada por Isabel, la madre de la propietaria, que suele preparar platos tradicionales portugueses a los clientes.

Chiado y Bairro Alto

Hotel do Chiado

L4 ⌂ **Rua Nova do Almada 114** Ⓦ **hoteldochiado.pt · €€€**

El incendio que asoló Chiado en 1988 destruyó muchos edificios, incluido este, cuidadosamente restaurado por el famoso arquitecto portugués Siza Vieira. La luz desempeña un papel crucial en la obra de Vieira y este hotel no es una excepción, con grandes ventanales con vistas al castillo de Lisboa y al río Tajo.

The Late Birds

J4 ⌂ **Travessa André Valente 21-21A** Ⓦ **thelatebirdslisbon.com · €€€**

Dirigido por Carlos Sanches, un activo promotor del turismo LGTBIQ+ en Portugal, The Late Birds está especialmente dirigido a la comunidad gay. Más que un lugar para alojarse, el hotel ofrece variadas experiencias personalizadas a los huéspedes, desde paseos a los bares de ambiente hasta visitas a la playa.

Chiado 44

K4 ⌂ **Rua da Horta Seca 44** Ⓦ **chiado44.pt · €€**

Este acogedor alojamiento destaca por la bonita fachada de azulejos y sus puertas de color azul brillante. De las 12 habitaciones disponibles, la mitad dan al río y el resto a un tranquilo patio interior. No dispone de ascensor, pero el personal sube encantado el equipaje por las escaleras. El hotel está a un paso de la plaza central, la Praça Luís de Camões, y de las calles comerciales del barrio de Chiado.

Lisbon Serviced Apartments

📍 J4 🏠 Travessa do Judeu 7 🌐 lisbonserviced apartments.com/ apartments/bairro-alto · €€

Si lo que se busca es experimentar la auténtica vida lisboeta, lo ideal es reservar uno de estos estudios o apartamentos. Ubicados en la animada zona de Poço dos Negros, en el Bairro Alto (p. 59), estos apartamentos cuentan con cocina y comedor y pueden alojar hasta cuatro personas. También se puede comer en alguno de los cafés cercanos.

Pensão Amor Madam's Lodge

📍 K6 🏠 Rua Nova do Carvalho 38 (Calle Rosa) 🌐 pensaoamor.com · €€

Situado en Cais do Sodré, el barrio rojo de Lisboa en el pasado, este antiguo burdel ha sido testigo de citas secretas. Los huéspedes pueden alojarse en las habitaciones que se han rehabilitado conservando mensajes y objetos de las mujeres que trabajaron en ellas. En el bar contiguo se puede tomar un cóctel o ver un espectáculo *burlesque*.

Independente Príncipe Real

📍 K3 🏠 Rua de São Pedro de Alcântara 81 🌐 independente.eu · €€

Estos dos edificios disponen de habitaciones y dormitorios compartidos, algunos con literas de madera reciclada. La azotea, a la que se accede por un pequeño ascensor antiguo, ofrece vistas similares a las del Miradouro de São Pedro de Alcântara.

Belém y el oeste

Pestana Palace

📍 C5 🏠 Rua Jau 54 🌐 pesta nacollection.com · €€€

Madonna fue una de las clientas más famosas que han pasado por las *suites* reales de este palacio del siglo XIX durante su estancia en Lisboa. Entre sus lujosas instalaciones se incluyen dos piscinas, un *spa*, un restaurante (ubicado en los antiguos salones de baile) y un jardín subtropical con vistas panorámicas de la ciudad.

As Janelas Verdes

📍 E5 🏠 Rua das Janelas Verdes 47 🌐 lisbon heritagehotels.com · €€

Puede que lo que haga a este hotel tan especial sea la acogedora biblioteca con vistas al río, el patio rodeado de frondosas enredaderas (donde se sirve el desayuno) o tal vez la proximidad al Museu Nacional de Arte Antiga, donde las horas pasan admirando la colección de arte antiguo de Portugal.

LX Hostel

📍 D5 🏠 Rua Rodrigues de Faria 103 (LX Factory) 🌐 lxhostel.pt · €

Dirigido a los que quieran estar cerca de la acción, este hotel situado dentro del creativo centro LX Factory ofrece acceso directo a una serie de restaurantes, tiendas y estudios de diferentes artistas. En las habitaciones privadas se admiten mascotas y la terraza del ático es perfecta para escapar de las multitudes.

Avenida y norte de Lisboa

Valverde Lisboa Hotel & Garden

📍 K1 🏠 Avenida da Liberdade 164 🌐 valverde hotel.com · €€€

Inspiradas en las casas londinenses, las habitaciones de Valverde tienen muebles de época, cuadros enmarcados y cortinas drapeadas. El té se sirve cada tarde en un patio lleno de plantas con vistas a la piscina, aunque el hotel también cuenta con un restaurante en el que se sirven platos clásicos portugueses.

Avenida Palace

📍 L3 🏠 Rua 1º de Dezembro 123 🌐 hotel avenidapalace.pt · €€€

Fundado en el siglo XIX, este hotel dirigido por una familia es un testigo de la historia: políticos, espías y artistas se han cruzado por sus pasillos en algún momento. El aire de la *belle époque* sigue vivo en la decoración y en el vestíbulo se ofrecen conciertos de jazz con regularidad. A pocos pasos del hotel se encuentra la estación de tren de Rossio, que ofrece comunicación directa con Sintra.

The Vintage

J1 Rua Rodrigo da Fonseca 2 thevintage lisbon.com · €€

Casi todo lo que se ve aquí es de fabricación local, desde los muebles años 50 y 60 hasta las tazas de té del *spa* y los lápices de las habitaciones. La mayoría de las *suites* ofrecen vistas panorámicas de la ciudad; los que no las tengan, siempre pueden disfrutar de la azotea.

Hotel 1908

N1 Largo do Intendente Pina Manique 6 1908 lisboahotel.com · €€

Prémio Valmor de arquitectura en 1908, este edificio modernista se transformó en hotel en 2017 como parte de un proyecto de rehabilitación del Intendente, hoy uno de los barrios de moda de la ciudad. Las paredes del hotel se convirtieron en lienzos para artistas urbanos portugueses como Bordalo II, cuya libélula gigante puede verse en el bar.

Mama Shelter Lisboa

F3 Rua do Vale de Pereiro 19 mama shelter.com/lisboa · €

Mama Shelter es un popular lugar de encuentro con un extravagante restaurante maximalista, azotea vegetal, amplias ofertas de *brunch* y sesiones regulares de DJ. Pero sobre todo sigue siendo un hotel que admite mascotas, dispone de habitaciones de varios tamaños y una zona de estar independiente.

Sant Jordi Hostels Lisbon

G3 Rua do Forno do Tijolo 3 santjordihostels. com/lisbon · €

Sant Jordi no es el típico albergue. En lugar de sencillos dormitorios blancos, los clientes encontrarán vidrieras por todas partes, suelos de madera y techos de estilo morisco. El jardín privado también muestra originales motivos de azulejería y el bar es perfecto para tomar una copa por la noche con amigos o junto a los demás huéspedes (se admiten reservas para grupos).

La costa de Lisboa

Valverde Sintra Palácio de Seteais

R1 Rua Barbosa du Bocage 8, Sintra valverde palacioseteais.com · €€€

¿Qué tienen en común Agatha Christie, David Bowie y John Malkovich? Todos ellos pasaron una noche en Valverde Sintra Palácio de Seteais, uno de los pocos palacios de Sintra que funcionan como hotel. Este antiguo edificio del siglo XVIII ha logrado conservarse a través del tiempo junto con los frescos, el mobiliario antiguo y los tapices.

Fortaleza do Guincho

Estrada do Guincho, Cascais fortaleza doguincho.com · €€

Este lujoso hotel de la costa de Cascais, que fue en el pasado una fortaleza defensiva, es ahora un tranquilo refugio con unas vistas del mar privilegiadas. El restaurante del hotel ganó una estrella Michelin en 2001 que sigue conservando actualmente.

Palácio Estoril

Rua Particular, Estoril palacioestoril hotel.com · €€

Ian Fleming (huésped del hotel) se inspiró en el pasado de Estoril como punto de encuentro de espías durante la Segunda Guerra Mundial para crear el icónico personaje de James Bond. El hotel, que sale en la película de 1969 *007 al servicio de su Majestad,* ha mejorado desde entonces las instalaciones, que incluyen *spa,* tres restaurantes, un bar y el acceso a un campo de golf cercano.

Eugaria Country House

Estrada Nova da Rainha 155, Colares eugariacountry house.com · €€

Escondida entre las montañas de Sintra, esta casa rural es perfecta para disfrutar de las frutas y verduras ecológicas de la granja de los alrededores. Abre de marzo a noviembre.

ÍNDICE

Los números en **negrita** hacen referencia a las entradas principales.

A

Abonos 61
Actividades al aire libre 51
Adraga 50
Aduanas, información de 110
Aeropuerto Humberto Delgado 108, 109
Afonso Henriques 8
estatua 23
África 9
African Lisbon Tour 13
Agua del grifo 112
Alameda 98
Alcácer do Sal 62
Alcazarquibir, batalla de 9
Alcohol 113
Alfama, Castelo y el este 66-71
bares y cafés 70
dónde comer 71
hoteles 114
itinerario 69
lugares de interés 67-69
plano 66-67
Alojamiento 114-117
ver también Hoteles
Amoreiras 58
Antiga Ervanária d'Anunciada 76
Apps 112
Aqueduto das Águas Livres 9, 52, 90
Arco da Rua Augusta 49
Arqueología
Museu Arqueológico do Carmo 83
Núcleo Arqueológico da Rua dos Correeiros 60, 73
restos arqueológicos de la Sé de Lisboa 27
yacimiento arqueológico de Castelo de São Jorge 23
Arte islámico 38
Arte Rústica 76
Arte, Arquitetura e Tecnologia (MAAT), Museu de 44, 61, 92

Artes escénicas ver Ocio
Artesanía 76
Artistas portugueses 45
Assembleia da República 90
Autobús, viajar en 109
Autódromo do Estoril 104
Avenida da Liberdade 58, 98
Avenida Guerra Junqueiro 58
Avenida Roma 58
Avenida y norte de Lisboa 94-99
dónde comer 99
hoteles 116-117
itinerario 97
lugares de interés 95-98
plano 94
Avenidas Novas 97
Avión, viajar en 108, 109
Azeitão 62
Azenhas do Mar 104
Azulejos 12
Museu Nacional do Azulejo **34-35**

B

Bairro Alto 58-59, 82
bares 13, 86
ver también Chiado y Bairro Alto
Baixa 58
ver también De Baixa a Restauradores
Barbadinhos, estación de bombeo de 53
Bares y cafés 56-57
Alfama, Castelo y el este 70
Avenida y norte de Lisboa 99
Chiado y Bairro Alto 13, 85-86
de Baixa a Restauradores 77
Basílica da Estrela 46, 89, 91
Bela Vista, Parque da 98
Belém 33, 89
lugares de interés 92
ver también Belém y el oeste
Belém, Torre de **32-33**, 47

Belém y el oeste 88-93
dónde comer 93
hoteles 116
itinerario 91
lugares de interés 88-92
plano 88-89
Benfica (barrio) 98
Benfica (equipo de fútbol) 13, 96, 98
Bica 82, 83
Bicicletas, alquiler de 61, 109
Billetes
transporte público 108, 113
Boca do Inferno 104
Body board 51
Bordados 59
Bordalo II
Lince ibérico 31
Bordalo Pinheiro, Columbano 45
Bordalo Pinheiro, Rafael 98
Bosco
Las tentaciones de san Antonio 29, 91
Botânico do Monteiro-Mor, Parque 97
Brasil 9, 37
Bucelas 63

C

Cabo da Roca 102, 103
Cabo Espichel 63
Cacilhas 52, 61
Café 77, 84
Cafés ver Bares y cafés
Cais do Gás 56
Calçada do Duque 81, 83
Camões, Luís de 25, 81
Campanarios (Sé de Lisboa) 27
Campo de Ourique 58, 91
Campo de Santa Clara 69
Campo Pequeno 95, 96, 97
Caparica Norte 50
Capela de Bartolomeu Joanes (Sé de Lisboa) 26
Capilla (Palácio Nacional de Queluz) 37
Capilla de San Alberto (Museu Nacional de Arte Antiga) 28
Carcavelos 50

Carlos I 10
Carné de identidad 113
Casa das Histórias Paula
  Rego (Cascais) 104
Casa dos Bicos 47
Casa Fernando Pessoa 89,
  91
Cascais 13, 50, 61, 103, 104
  dónde comer 105
  hoteles 117
Cascais, costa de 101
Casino de Estoril 103, 105
Castelo ver Alfama, Castelo
  y el este
Castillo, Museo del 22
Castillos y fortificaciones
  Castelo de São Jorge
    22-23, 48, 67
  Castelo dos Mouros
    (Sintra) 41, 63
  Cidadela de Cascais 104
  Fortaleza do Guincho 117
  Porta de Martim Moniz 23
  Porta de São Jorge 22
  Torre de Belém **32-33,** 47
Cementerios y tumbas
  cardenal D. Henrique 24
  Dom Sebastião 24
  Luís de Camões 25
  Panteão Nacional 46, 68
  Prazeres 52
  Vasco da Gama 25
Centro Colombo 98
Centro Comercial Mouraria
  76
Centro Cultural Olga
  Cadaval (Sintra) 41
Centro Histórico de Lisboa
  45
Centro náutico 30
Cerámica
  compras 59, 84
  Museu Calouste
    Gulbenkian 39
  Museu Nacional de Arte
    Antiga 29
Ceuta 9
Chiado y Bairro Alto 58,
  80-87
  bares y cafés 13, 85-86
  compras 58, 84
  dónde comer 87
  hoteles 115-116
  itinerario 83
  lugares de interés 81-83
  plano 80
Chocolate 77, 84
Ciclismo 51, 109

Cidadela de Cascais 104
Claustro de la Sé de Lisboa
  26
Claustro de los Jerónimos
  25, 47
Claustros del Museu
  Nacional do Azulejo
  34-35, 47
Coche 109
Colares 101, 103
  vino 103
Comida y bebida
  agua del grifo 112
  compras 59, 77
  pastéis de nata 12, 14, 92
  ver también Bares y cafés;
    Restaurantes; Vino
Compras 58-59
  Avenida y norte de
    Lisboa 98
  Centro Comercial
    Mouraria 76
  Chiado y Bairro Alto 84
  de Baixa a Restauradores
    77
  horarios 111
  Museu Nacional de Arte
    Antiga 29
  Museu Nacional do
    Azulejo 35
  Parque das Nações 31
  Rua da Conceição 76
  Rua do Arsenal 76
Confeitaria Nacional 75
Consejos oficiales 110
Conserveira de Lisboa 75, 76
Convento dos Capuchos
  102, 103
Conversación (De Hooch) 29
Corcho 59
Corredor das Mangas
  (Palácio Nacional de
  Queluz) 37
Correos 113
Correr 51
Corridas de toros 95, 96
Costa da Caparica 13
Costa de Lisboa 100-105
  dónde comer 105
  hoteles 117
  itinerario 103
  lugares de interés 101-104
  mapa 100
COVID-19, pandemia de 11
Cozinha Velha (Palácio
  Nacional de Queluz) 36
Crisis financiera de 2008 11
Cristianismo 8

Cristo Rei 52
Cruz Alta 104
Cruzados 8, 9
Cruzes da Sé 69
Culturgest 98
Cutileiro, João 45

D
Da Gama, Vasco 25, 60
Damas 56
De Baixa a Restauradores
  72-79
  bares y cafés 78
  compras 77
  dónde comer 79
  hoteles 114-115
  itinerario 75
  lugares de interés 73-76
  plano 72
De Hooch, Pieter
  Conversación 29
Delincuencia 112
Devolución del IVA 113
Diana (Houdon) 38
Dictadura de Salazar 10, 11
Dinero 111
Discos 77
Discotecas 56-57
Diseñadores 98
Documentación 110
Dónde comer ver
  Restaurantes
Drogas 113
Dulces 77
Durero, Alberto 29

E
Economía 11
Eduardo VII, Parque 48-49,
  95, 97
Edificios históricos
  Assembleia da República
    90
  Casa dos Bicos 47
  estación de bombeo de
    Barbadinhos 53
  estación de Rossio 47, 76
Egipto, antiguo 38
El Corte Inglés 97, 98
El martirio de san Sebastián
  (Lopes) 28
Eléctrico de Sintra 40
Elevador da Bica 82, 83
Elevador da Glória 83
Elevador de Santa Justa 49,
  75
Elevador do Lavra 76

Emergencias, números de 112
Enchufes 110
Enrique el Navegante 92
Entradas
  tarjetas de descuento 113
Era de los Descubrimientos 8-9, 92
Ermida de São Jerónimo 47
Escalinata Robillion (Palácio Nacional de Queluz) 37
Esclavitud 9, 74
Esencial 20-21
Español, dominio 9
Esplanada de la Igreja da Graça 69
Este de Lisboa ver Alfama, Castelo y el este
Estoril 50, 61
  dónde comer 105
  hoteles 117
Estoril, costa de 101
Estrela 89
Estremadura 63
Estufa Fria 95, 97, 98
Estufa Quente (invernadero caliente) 95, 97
Etiqueta 113
Excursiones 62-63
Experiencias de Lisboa 12-13
Explanada (Castelo de São Jorge) 23
Exposición Universal de 1998 11, 30, 96

F
Fábrica Braço de Prata 56
Fado 13
  locales 57
  Museu do Fado 69
Fauna
  Oceanário de Lisboa 30, 54
Feira da Ladra 59, 60, 69
Fenicios 8, 9
Fernando II 40
Ferris 61, 109
Festivales y eventos
  Festas dos Santos Populares 68
  fiestas de Santo António 61, 68
  gratuitos 61
Fórmula 1 104
Fortaleza do Guincho 117
Frases útiles 124-125
Fuera de las rutas habituales 52-53

Fundação Ricardo do Espírito Santo Silva 69
Fundação/Museu Arpad Szenes-Vieira da Silva 45
Funiculares 109
  ver también Elevador
Fútbol 13, 98
  campos 96

G
Galeria 111 44
Golf 104
Gonçalves, Nuno 45
  Paneles de san Vicente 28
Grecia, antigua 8, 38
Guantes 84
Guincho 50, 63, 101
  dónde comer 105
  hoteles 117
Gulbenkian, Calouste 39
  Museu Calouste Gulbenkian **38-39**

H
Herbolarios 76
Hípica 51
Historia 8-13
Horarios 111
Hoteles 114-117
  Alfama, Castelo y el este 114
  Avenida y norte de Lisboa 116-117
  Belém y el oeste 116
  Chiado y Bairro Alto 115-116
  costa de Lisboa 117
  de Baixa a Restauradores 114-115
Houdon, Jean Antoine
  Diana 38

I
Ideas para ahorrar 61
Idioma 111
  frases útiles 110, 124-125
Iglesias y catedrales 46-47
  Basílica da Estrela 46, 89, 91
  Capela de Bartolomeu Joanes (Sé de Lisboa) 26
  capilla (Palácio Nacional de Queluz) 37
  capilla de San Alberto (Museu Nacional de Arte Antiga) 28
  capillas góticas del deambulatorio (Sé de Lisboa) 27

iglesia del Mosteiro dos Jerónimos 60
iglesia Madre de Deus 34
Igreja da Conceição Velha 47, 74, 75
Igreja da Graça 46, 49, 69
Igreja de Santa Engrácia/Panteão Nacional 46, 68
Igreja de Santo António 47
Igreja de São Domingos 46, 74
Igreja de São Miguel 69
Igreja de São Roque 47, 81
Igreja do Carmo 9, 47
Nossa Senhora de Penha (Peninha) 104
Santa Maria de Belém 33
Santo Estevão 68, 69
São Vicente de Fora 46
Sé de Lisboa **26-27**, 46, 67
visita a lugares de culto 113
Igreja da Conceição Velha 47, 74, 75
Igreja da Graça 46, 49, 69
Igreja de Santa Engrácia/Panteão Nacional 46, 68
Igreja de Santo António 47
Igreja de São Domingos 46, 74
Igreja de São Miguel 69
Igreja de São Roque 47, 81
Igreja do Carmo 9, 47
Ilustración 10
Imagen de la Virgen y el Niño (Torre de Belém) 32
Impuestos 113
Incendio de 1755 9
Incógnito 56
Industrialización 10
Itinerarios
  2 días en Lisboa 14-15
  4 días en Lisboa 16-17
  Alfama 69
  Avenida y norte de Lisboa 97
  Baixa 75
  de Chiado a Bairro Alto y Bica 83
  oeste de Lisboa 91
  Sintra 103
IVA 113

J
Japón, comercio con 29
Jardim Botânico 88
Jardim Botânico Tropical 92

Jardim da Estrela 61, 89, 91
Jardim do Torel 49
Jardim Gulbenkian 60
Jardim Mário Soares 96
Jardín de invierno (Museu Nacional do Azulejo) 35
Jerónimos, iglesia de los 60
Jesuitas 10
Joyas 84
Juguetes 77, 84

L

Lagoa de Albufeira 51
Lalique, René 38
Lapa 52
Largo das Portas do Sol 68
Largo de São Miguel 67
Largo do Chafariz de Dentro 69
Las tentaciones de san Antonio (Bosch) 29, 91
LGTBIQ+, comunidad 112
Liberdade, Parque da (Sintra) 41
Librerías 84
Límites de velocidad 108
Lince ibérico (Bordalo II) 31
Lisboa en familia 54-55
Lisboa gratis 60-61
Lisboa Rio 56
Lisbon Street Art Tours 13
Lopes, Gregório
El martirio de san Sebastián 28
Lugares seguros 112
Luís Filipe, príncipe 10
Lux 56
LX Factory 53

M

Madre de Deus, iglesia 34
Mafra 63
Malhoa, José 45
Manet, Édouard
Pompas de jabón 38
Manuel II 10
Manuelino, estilo 32, 33, 47
Maria I, reina 37
Meco 51
Medeiros e Almeida, António 95
Mejores vistas 63
Mercados
Feira da Ladra 59, 60, 69
Mercado da Ribeira 82
mercados de alimentación 59
Mercerías 76, 77
Metro 108-109
Ministerium 56-57

Miradouros 12
Miradouro da Santa Catarina 12, 48, 83
Miradouro da Santa Luzia 12, 48
Miradouro da Senhora do Monte 12, 49
Miradouro de São Pedro de Alcântara 48, 83
Monasterios y conventos 46-47
Convento dos Capuchos 102, 103
Ermida de São Jerónimo 47
Mosteiro dos Jerónimos 9, **24-25**, 46, 47, 92
Moneda 110
Moniz, Martim 23
Monsanto 54, 90
Monserrate (Sintra) 40, 63, 102, 103
Monte Estoril 101
Monumento a los esclavos 74
Monumento al 25 de Abril 97
Monumento ao Calceteiro 76
Morais, Graça 45
Mosteiro dos Jerónimos 9, **24-25**, 46, 47, 92
Movilidad reducida 111
Muebles de colecciones de arte
Museu Calouste Gulbenkian 39
Museu Nacional de Arte Antiga 28
Muebles para el hogar 77
Museos y galerías 44-45
Casa das Histórias Paula Rego (Cascais) 104
Casa Fernando Pessoa 89, 91
Centro Histórico de Lisboa 45
Fundação Medeiros e Almeida 95
Fundação Ricardo do Espírito Santo Silva 69
Fundação/Museu Arpad Szenes-Vieira da Silva 45
Galeria 111 44
Igreja de São Roque 47, 81
Museo del Castillo 22
Museo del Teatro 97
Museo del Traje 97
Museu Arqueológico do Carmo 83

Museu Calouste Gulbenkian **38-39,** 44, 95, 97
Museu Condes de Castro Guimarães 104
Museu da Electricidade 55
Museu da Marioneta 90
Museu de Arte Contemporânea MAC/CCB 92
Museu de Arte, Arquitetura e Tecnologia (MAAT) 44, 61, 92
Museu de Lisboa 97
Museu do Dinheiro 60
Museu do Fado 69
Museu do Oriente 91
Museu do Teatro Romano 67
Museu Fundação Medeiros e Almeida 95
Museu Nacional de Arte Antiga (MNAA) **28-29,** 35, 45, 91
Museu Nacional de Arte Contemporânea do Chiado (MNAC) 44, 82
Museu Nacional de História Natural e da Ciência 55
Museu Nacional do Azulejo **34-35,** 44, 68-69
Museu Nacional dos Coches 44, 92
Museu Rafael Bordalo Pinheiro 98
Pavilhão do Conhecimento-Ciência Viva 31, 54
Quake 54
Zé dos Bois 44
Música
fado 13, 57
Musulmanes 8, 9

N

Nações, Parque das **30-31**, 96
Napoleón I, emperador 10, 37
Navegación 51
Necesidades específicas, viajeros con 111
Niños 54-55
Normas de circulación 108
Norte de Lisboa *ver* Avenida y norte de Lisboa

Nossa Senhora de Penha (Peninha) 104
Núcleo Arqueológico da Rua dos Coreeiros 60, 73

O
Óbidos 62
Óbidos, Josefa de 45
Observación de aves 51
Oceanário de Lisboa 30, 54
Ocio
 Campo Pequeno 95, 96, 97
 Centro Cultural Olga Cadaval (Sintra) 41
 Culturgest 98
 locales de *fado* 57
 Teatro Nacional de São Carlos 81
 Teatro Nacional Dona Maria II 76
Oeste de Lisboa *ver* Belém y el oeste

P
Pabellón de Portugal 31
Pabellón Robillion (Palácio Nacional de Queluz) 36
Padrão dos Descobrimentos 92
Páginas web 112
Palacios
 Monserrate (Sintra) 40, 63, 102
 Palácio Biester 104
 Palácio da Ajuda 92
 Palácio das Necessidades 52
 Palácio de Belém 92
 Palácio de Seteais (Sintra) 41, 117
 Palácio dos Marqueses da Fronteira 96
 Palácio Nacional da Pena (Sintra) 40, 104
 Palácio Nacional de Queluz **36-37**
 Palácio Nacional de Sintra 41
 Quinta da Regaleira 40
Palmela 62
Paneles de san Vicente (Gonçalves) 28
Panorama de Lisboa 35
Park Rooftop 57
Parques y jardines
 Estufa Fria 95, 97, 98
 Estufa Quente 95, 97
 Jardim Botânico 88
 Jardim Botânico Tropical 92

Jardim da Estrela 61, 89, 91
Jardim do Torel 49
Jardim Gulbenkian 60
Jardim Mário Soares 96
jardín de invierno (Museu Nacional do Azulejo) 35
jardines del Palácio Nacional de Queluz 36
Monsanto 54, 90
Monserrate 102, 103
Parque Botânico do Monteiro-Mor 97
Parque da Bela Vista 98
Parque da Liberdade (Sintra) 41
Parque da Pena (Sintra) 40, 104
Parque das Nações 31
Parque Eduardo VII 48-49, 95, 97
Quinta da Regaleira 55, 103, 104
Pasaporte 110
Paseos 51, 61, 109
Pastéis de Belém 12, 14, 92
Pastéis de nata 12, 14, 92
Patinaje sobre hielo 54
Patinaje sobre ruedas 51, 54
Patinete 54
Pavilhão do Conhecimento-Ciência Viva 31, 54
Pena, Parque da (Sintra) 40, 104
Penedo 63
Peninha 63, 103, 104
Pesca 51
Pessoa, Fernando 89
Pícnic 61
Pila de San Antonio (Sé de Lisboa) 26
Piscinas 54
Playas 13, 50-51, 55
Poço dos Negros 53, 59
Policía 112
Pomar, Júlio 45
Pombal, marqués de 9, 10, 95
Ponte Salazar 90
Porta de Martim Moniz 23
Porta de São Jorge 22
Portinho da Arrábida 63
Pousada Dona Maria I (Palácio Nacional de Queluz) 36
Praça da Figueira 75
Praça das Amoreiras 52
Praça do Comércio 73, 75
Praça dos Restauradores 74

Praça Luís de Camões 81
Praia da Ursa 51, 63
Praia das Maçãs 51
Praia Grande (Sintra) 50
Prazeres 52, 91
Precios
 gasto medio diario 110
 transporte público 108
Príncipe Real 58
Puerto deportivo de Cascais 101

Q
Quake 54
Quinta da Regaleira 40, 55, 103, 104
Quioscos 13, 98
Quiosques Liberdade 98

R
Recorridos a pie 13
 African Lisbon Tour 13
 Lisbon Street Art Tours 13
Refectorio (Mosteiro dos Jerónimos) 24
Regalos 77
Rego, Paula 45, 104
Rembrandt
 Retrato de un anciano 39
Restauradores *ver* De Baixa a Restauradores
Restaurantes
 Alfama, Castelo y el este 71
 Avenida y norte de Lisboa 99
 Belém y el oeste 93
 Chiado y Bairro Alto 87
 costa de Lisboa 105
 de Baixa a Restauradores 79
 ideas para ahorrar 61
 Parque das Nações 30, 55
 restaurantes familiares 55
Retablo de Nossa Senhora da Vida 34
Retrato de un anciano (Rembrandt) 39
Revolución de los Claveles 10, 11
Ribatejo, ruta vinícola de 63
Romanos 8
 Museu do Teatro Romano 67
Ropa 84
Rossio 73
Rossio, estación de 47, 76
Rotonda Marqués de Pombal 95, 97

Rua Augusta 61, 73, 75
Rua da Conceição 76
Rua da Rosa 83
Rua das Portas de Santo
  Antão 74, 75
Rua de São Bento 58
Rua de São João da Praça
  69
Rua de São Pedro 69
Rua do Arsenal 76
Rua do Carmo 81
Rua Garrett 81
Rua Nova do Carvalho (la
  Calle Rosa) 13, 57
Rua Saraiva de Carvalho 91

S

Sala capitular (Mosteiro dos
  Jerónimos) 24
Sala de música (Palácio
  Nacional de Queluz) 37
Sala dos Embaixadores
  (Palácio Nacional de
  Queluz) 37
Salazar, António 11
Salón del trono (Palácio
  Nacional de Queluz) 37
Salud 112
Santa Catalina y San José
  (Van der Weyden) 38
Santa Cruz, barrio de 23
Santa Maria de Belém 33
Santo Estevão 68, 69
São Lourenço, Torre de
  (Castelo de São Jorge) 23
São Vicente de Fora 46
Sé de Lisboa **26-27**, 46, 67
Sebastião, rey 9
Seguridad
  consejos oficiales 110
  seguridad personal 112
Seguros de viaje 110-111
Serra da Arrábida 62
Servicios de telefonía 113
Sesimbra 50, 63
Setúbal 62

Sintra **40-41**, 102, 103, 117
Sintra, colinas de 62, 63,
  117
Sitio de Lisboa 8
Sombreros 77, 84
Sporting de Lisboa 13, 96
Surf 51

T

Tabaco 113
Tajo, río 8
  estuario del Tajo 62
  paseo junto al río 60
  Ponte Salazar 90
Tarjetas de descuento 61,
  113
Taxis 109
Té 77, 84
Teatro, Museo del 97
Teatro Nacional de São
  Carlos 81
Teatro Nacional
  Dona Maria II 76
Teleférico del Parque das
  Nações 30
Teléfonos móviles 113
Terreiro do Paço 10
Terremoto de 1755 9, 54
Tesoro (Sé de Lisboa) 26
Tomar 63
Torres
  Torre da Igreja 22
  Torre de Belém **32-33**, 47
  Torre de São Lourenço
    (Castelo de São Jorge)
    23
  Torre de Ulisses (Castelo
    de São Jorge) 22
  Torre Vasco da Gama 30
Traje, Museo del 97
Transporte público 16, 108-
  109
  billetes 108, 113
  precios 108
Tranvías 12, 109
  Eléctrico de Sintra 40

Tren, viajar en 108
Tróia 62
Tsunami de 1755 9
Tumbas *ver* Cementerios y
  tumbas
Turismo 10, 11
Turismo responsable 113

U

Ulisses, Torre de (Castelo de
  São Jorge) 22
Unión Europea 10, 11

V

Vacunas 111
Van der Weyden, Rogier
  Santa Catalina y San José
  38
Vasco da Gama, Torre 30
Vasconcelos, Joana 45
Vestimenta en lugares de
  culto 113
Vhils 45
Viaje
  abonos 61
  cómo llegar y moverse
    108-109
  consejos oficiales 110
  turismo responsable
    113
Vino 59
  Colares 103
  ruta vinícola de Ribatejo
    63
Vinotecas 77
Vintage 84
Vistas 48-49
  ver también Miradouros

W

Wifi 113

Z

Zapatos 59, 77
Zé dos Bois 44
Zona horaria 112

FRASES ÚTILES

Emergencias

¡Socorro!	Socorro!
¡Alto!	Pare!
¡Llame a un médico!	Chame um médico!
¡Llame una ambulancia!	Chame uma ambulância!
¡Llame a la policía!	Chame a polícia!
¡Llame a los bomberos!	Chame os bombeiros!
¿Dónde está el teléfono?	Há um telefone aqui perto?
¿Dónde está el hospital más próximo?	Onde é o hospital mais próximo?

Comunicación básica

Sí	Sim
No	Não
Por favor	Por favor/Faz favor
Gracias	Obrigado/a
Perdón	Desculpe
Hola	Olá
Adiós	Adeus
Buenos días	Bom-dia
Buenas tardes	Boa-tarde
Buenas noches	Boa-noite
Ayer	Ontem
Hoy	Hoje
Mañana	Amanhã
Aquí	Aqui
Allí	Ali
¿Qué?	O quê?
¿Cuál?	Qual?
¿Cuándo?	Quando?
¿Por qué?	Porquê?
¿Dónde?	Onde?

Frases habituales

¿Cómo está usted?	Como está?
Muy bien, gracias	Bem, obrigado/da
Encantado/a de conocerle	Encantado/a
Hasta luego	Até logo
De acuerdo/está bien	Está bem
¿Dónde está/n…?	Onde está/estão…?
¿A qué distancia está…?	A que distância fica…?
¿Cómo se va a…?	Como se vai para?
¿Habla usted español?	Fala espanhol?
No entiendo	Não compreendo
¿Podría hablar más despacio, por favor?	Pode falar mais devagar por favor?
Lo siento	Desculpe

Palabras habituales

grande	grande
pequeño	pequeno
caliente	quente
frío	frio
bueno	bom
malo	mau
bastante	bastante
bien	bem
abierto	aberto
cerrado	fechado
izquierda	esquerda
derecha	direita
todo recto	em frente
cerca	perto
lejos	longe
arriba	para cima
abajo	para baixo

temprano	cedo
tarde	tarde
entrada	entrada
salida	saída
aseos	casa de banho
más	mais
menos	menos

Compras

¿Cuánto cuesta esto?	Quanto custa isto?
Quisiera…	Queria…
Solo estaba mirando, gracias	Estou só a ver, obrigado
¿Aceptan tarjetas de crédito?	Aceita cartões de crédito?
¿A qué hora abren?	A que horas abre?
¿A qué hora cierran?	A que horas fecha?
este	este
ese	esse
caro	caro
barato	barato
talla (ropa/número de calzado)	tamanho
blanco	branco
negro	preto
rojo	vermelho
amarillo	amarelo
verde	verde
azul	azul

Visitas turísticas

catedral	sé
iglesia	igreja
jardin	jardim
biblioteca	biblioteca
museo	museu
oficina de turismo	posto de turismo
cerrado por vacaciones	fechado para férias
estación de autobuses	estação de autocarros
estación de ferrocarril	estação de comboios

En el hotel

¿Tienen habitaciones?	Tem um quarto livre?
habitación con baño	um quarto com casa de banho
ducha	duche
habitación individual	quarto individual
habitación doble	quarto de casal
habitación con dos camas	quarto com duas camas
portero	porteiro
llave	chave
Tengo una reserva	Tenho um quarto reservado

En el restaurante

¿Tienen mesa para…?	Tem uma mesa para…?
Quisiera reservar mesa	Quero reservar uma mesa
La cuenta, por favor	A conta por favor/faz favor
Soy vegetariano/a	Sou vegetariano/a
Camarero, la carta	Por favor!/Faz favor! A lista
menú de precio fijo	a ementa turística
la carta de vinos	a lista de vinhos
un vaso	um copo
una botella	uma garrafa
media botella	meia-garrafa
un cuchillo	uma faca
un tenedor	um garfo

una cuchara	uma colher
un plato	um prato
una servilleta	um guardanapo
desayuno	pequeno-almoço
comida	almoço
cena	jantar
cubierto	couvert
entrante	entrada
primer plato	prato principal
plato del día	prato do dia
plato combinado	combinado
media ración	meia-dose
postre	sobremesa
poco hecho	mal passado
normal	médio
muy hecho	bem passado

La carta

aguacate	abacate
sopa de ajo	açorda
azúcar	açúcar
agua mineral	água mineral
con gas	com gás
sin gas	sem gás
ajo	alho
almejas	amêijoas
piña	ananás
arroz	arroz
asado	assado
atún	atum
ave	aves
aceite	azeite
aceitunas	azeitonas
bacalao	bacalhau
plátano	banana
patatas	batatas
patatas fritas	batatas fritas
batido	batido
café con leche	bica
filete	bife
galleta	bolacha
pastel, bollo	bolo
cordero	borrego
carne de caza	caça
café	café
gambas	camarões
caracoles	caracóis
cangrejo	caranguejo
carne	carne
cebolla	cebola
cerveza	cerveja
té	chá
mero	cherne
choco	chocos
chorizo	chouriço
setas	cogumelos
cocido	cozido
anguilas	enguias
fiambre	fiambre
hígado	fígado
pollo	frango
helado	gelado
hielo	gelo
al grill	grelhado
langosta	lagosta
naranja	laranja
leche	leite
limón	limão
lenguado	linguado
calamar	lulas
manzana	maçã
mantequilla	manteiga
huevos	ovos

pan	pão
pato	pato
pez	peixe
pez espada	peixe-espada
pulpo	polvo
cerdo	porco
queso	queijo
ensalada	salada
salchichas	salsichas
sándwich	sandes
centollo	santola
zumo	sumo
tarta	tarte
tomate	tomate
tostada	torrada
sándwich a la plancha	tosta
vino blanco	vinho branco
vino tinto	vinho tinto
ternera	vitela

Números

0	zero
1	um
2	dois
3	três
4	quatro
5	cinco
6	seis
7	sete
8	oito
9	nove
10	dez
11	onze
12	doze
13	treze
14	catorze
15	quinze
16	dezasseis
17	dezassete
18	dezoito
19	dezanove
20	vinte
21	vinte e um
30	trinta
40	quarenta
50	cinquenta
60	sessenta
70	setenta
80	oitenta
90	noventa
100	cem
101	cento e um
102	cento e dois
200	duzentos
300	trezentos
400	quatrocentos
500	quinhentos
700	setecentos
900	novecentos
1.000	mil

Tiempo

un minuto	um minuto
una hora	uma hora
media hora	meia-hora
lunes	segunda-feira
martes	terça-feira
miércoles	quarta-feira
jueves	quinta-feira
viernes	sexta-feira
sábado	sábado
domingo	domingo

AGRADECIMIENTOS

Edición actualizada por

Colaboraciones Joana Taborda

Edición sénior Alison McGill

Diseño de proyecto sénior Laura O'Brien, Stuti Tiwari

Edición de proyecto Sarah Allen, Anuroop Sanwalia

Diseño de proyecto Ankita Sharma

Edición Tavleen Kaur, Nandini Desiraju

Responsable de iconografía adjunto Virien Chopra

Documentación fotográfica sénior Nishwan Rasool

Diseño de cubierta Laura O'Brien, Ankita Sharma

Iconografía de cubierta Simona Velikova

Producción Kariss Ainsworth

Cartografía Ashif, Suresh Kumar

Responsable editorial adjunto Dharini Ganesh

Responsable editorial Beverly Smart

Edición de arte Gemma Doyle

Edición de arte sénior Priyanka Thakur

Dirección editorial Hollie Teague

Dirección de arte Maxine Pedliham

Dirección de la publicación Georgina Dee

DK quiere dar las gracias a las siguientes personas por su contribución a la edición anterior: Tomas Tranæus, Matthew Hancock, Linda Whitwam, Peter Wilson, Rough Guides/Natascha Sturny, Tony Souter y Lucy Bryson.

La editorial quiere agradecer a las siguientes personas, instituciones y compañías el permiso para reproducir sus fotografías:

(Leyenda: a-arriba; b-abajo; c-centro; f-extremo; l-izquierda; r-derecha; t-superior)

Alamy Stock Photo: Mauricio Abreu 15clb, 41crb, 97bl, Agenzia Sintesi / Fiorani Fabio 13clb, 83tl, 84, Alessandro Avondo 89br, Radu Bercan 54, Stuart Black 102bl, Martyn Boyd 31cra, Michael Brooks 35b, 41bl, 68, Rick Buettner 93, Chronicle 10cla, Classic Image 9tl, 14, Ian Dagnall 24bl, 25t, Ian G Dagnall 45, Isabelle Dupont 69tl, Earth Pixel LLC 15tr, 56-57, 75tl, Endless Travel 17, Eye Ubiquitous / Stephen Rafferty 11t, GM Photo Images 27tl, Renato Granieri 13bl, Avenet Pascal / Hemis.fr 39t, Moirenc Camille / Hemis.fr 16crb, Peter Herbert 31tl, Peter Horree 9cra, 91tl, Image Professionals GmbH / Holger Leue 28t, Imagebroker / Arco / J. Moreno 62t, imageBROKER / J. Moreno 15cb, imageBROKER / Jan Wehnert 27br, Bildagentur-online / Joko 13cla, Bjanka Kadic 59b, M.Sobreira 43, 86, Dov Makabaw 85, mauritius images GmbH / Thomas Haensgen 92, Mikehoward 2 36-37t, Mikehoward 3 37tr, Ilpo Musto 71, North Wind Picture Archives 9br, Roman Pesarenko 90-91b, Pictorial Press Ltd 10tl, picturelibrary 13cl, 16cla, 32bl, 77, 98, Prisma Archivo 9tr, Luca Quadrio 79, Reda & Co Srl 107, Alexandre Rotenberg 105, Agenzia Sintesi / Fiorani Fabio 53, Steve Speller 22br, Stephen Taylor 51, The Picture Art Collection 8, Andrea Varagnolo 74, Ivan Vdovin 25b, 31tr, Michel & Gabrielle Therin-Weise 12crb, Dudley Wood 59t, Z1 Collection 10-11b.

Alma: Nuno Correia 87.

AWL Images: Mauricio Abreu 62-63b.

© Calouste Gulbenkian Foundation, Lisbon: 38bc, 39b.

Chapitô: 70.

Confeitaria Nacional: 78.

Direção-Geral do Património Cultural/Arquivo de Documentação Fotográfica (DGPC/ADF): Museo Nacional dos Coches 44, Museu Nacional de Arte Antiga 29bl.

Dreamstime.com: Nuno Almeida 23bc, Arkantostock 47, Michal Balada 102-103t, Artur Bogacki 10bl, Alessandro Cristiano 34, Dudlajcov 37b, 40, 46, 89t, E55evu 73, Elenaphotos 13clb (9), Rob Van Esch 26cla, Sergii Figurnyi 1, Greta Gabaglio 82cra, Dan Grytsku 55, Sean Pavone 33, William Perry 67tr, Sam74100 50, 61, Rui G. Santos 96, Giancarlo Liguori Pinto Da Silva 104, Smallredgirl 12br, Dmitry Sytnik 52, Tashka2000 82b, Tomas1111 22-23t, 48-49t, Zts 58b, 63t.

Getty Images: Corbis Documentary / Massimo Borchi / Atlantide Phototravel 95, Joao Rico / DeFodi Images 13tl, Moment / Alexander Spatari 6-7, 12cra, 101, Moment Open / joe daniel price 19, The Image Bank / James O'Neil 5, The Image Bank / Sylvain Sonnet 81.

Getty Images / iStock: christobolo 48br, E+ / fotoVoyager 30-31b, Olimpia Tosheva 20bl, Silvia Zecchin 20cl.

Museu da Marioneta: Diogo Ferreira 90clb.

PSML: Emigus 41br.

Shutterstock.com: amnat30 21cra, barmalini 12cr, Janis Eglins 32clb, ESB Professional 65, Lydia Evans 28bl, Sean Hsu 60, jimmonkphotography 76, Katvic 32br, silverfox999 21cla.

Thema Hotels & Resorts: Eleven 99.

Mapa desplegable:
Alamy Stock Photo: Earth Pixel LLC.

Cubierta:
Delantera y lomo: **Alamy Stock Photo:** Earth Pixel LLC.
Trasera: **Alamy Stock Photo:** Endless Travel cl; **Dreamstime.com:** E55evu tl, Sam74100 tr.

Ilustración: Chris Orr & Associates

Publicado originalmente en Book Creation Services Ltd, London

De la edición en español
Servicios editoriales Moonbook
Traducción DK
Coordinación editorial Cristina Gómez de las Cortinas
Dirección editorial Elsa Vicente

Impreso y encuadernado en China

Publicado originalmente
en Gran Bretaña en 2007
por Dorling Kindersley Limited,
DK, 20 Vauxhall Bridge Road,
London, SW1V 2SA, UK

El representante autorizado en el EEE
es Dorling Kindersley Verlag GmbH.
Arnulfstr. 124, 80636 Múnich, Alemania

Copyright © 2007, 2025 Dorling
Kindersley Limited
Parte de Penguin Random House

Título original DK Top 10 Lisbon
Décima edición, 2026

La editorial no se hace responsable de las consecuencias
que se deriven del uso de este libro, ni de cualquier material
que aparezca en los sitios web de terceros, además no puede
garantizar que todos los sitios web de esta guía contengan
información de viajes fiable.

ISBN: 978-0-241-73571-8